《人間》への過激な問いかけ

《人間》への過激な問いかけ

――煉獄のフランス現代哲学（上）

小林康夫

水声社

はじめに——他なる同時代、隣人として

およそ一九六〇年代以降ということになるだろうか、二〇世紀後半、フランス語で思考し書く人びとの仕事が、世界の哲学・人文科学に大きなインパクトを与えた。哲学に限ってみるなら、戦前から戦後にかけて、これまた世界に強い影響を与えた実存主義・現象学にかわって、いわゆる構造主義さらにはポスト構造主義と呼ばれる「新しい知」の多様な実践が行われた。

わが国では、一般的には、広く「フランス現代哲学（ないし思想）」と呼ばれたこの「知」が紹介・導入されてはやくも半世紀、すでに時代は二一世紀となって、情報テクノロジーの爆発的な展開もあり、その「知」がわれわれのいま現在の最先端を刻印するものであるかは、かならずしも自明ではない。

ひとつ前の時代は、いつでもそうだが、いったんは時代遅れとして否定され、急速に忘れ去られ

る。作家の場合であれば、消滅（死）後のこの忘却の時期を「煉獄」と言ったりするのだが、同じことは、いくつもの星が形づくる文化の「星座」（constellation）についても言える。

すなわち「煉獄のフランス現代哲学」――ということになるなら、もしそこを訪れようとする若きダンテがいるとするならば、身の程わきまえずに、（そうだ、「辺獄」にいるのだから）わたしがウェルギリウス役をかってでようか――ここに上梓する本書上下二巻をまとめようとするわたしの思いを述べるなら、そうなるかもしれない。

すなわち、一九七〇年から現在二〇二〇年の半世紀のあいだに、おぼつかない足取りではあるし、なにひとつ確実な成果を得たわけではないが、しかし自分なりの仕方で、「フランス現代哲学（思想）」という星座の一角を、墜ちていく一個の星屑＝流星として漂流したことだけはたしかであるわたしが、その途上に書きとめたいくらかの痕跡を寄せ集めて、ここにその軌跡をいささか辿りなおし、そうすることで、客観的なマップにはほど遠いだろうが、あくまでわたしから見たこの星雲・星座の「内部観測」をまとめておこうということである。

だから、一言で言えば、本書は、「フランス現代哲学」の研究論集というよりは、その魅惑が、同時代にどのようなものであったか、を語るものである。わたしが、どのようにそれぞれの人と出会ったか、どのようにその思考に魅惑されたか、そしてその魅惑の激しさに圧倒されながら、どのようにそれぞれの思考の「秘密」をつかみとろうと格闘したか。ここで決定的なのは、同時性、といっても同じ文化圏には属さない、異国のわたしにとっての「他なる同時性」である。つまり、時空も言語も文化も同じくしない人間の思考を、学的対象として研究するスタンスではなく、あくまでも外国語であるフランス語の思考を「同時代の思考」として受けとめようとしたと言ったらいいだろうか。その人が、同じ「時代」に現存しているというプレザンスこそが、なによりもわたしにとっての魅惑の根源だったのだ。

そう、そのことをはっきり言っておくべきだろう。デリダであれ、リオタールであれ、バルトあるいはナンシーであれ、かれらの存在は、わたしにとってはけっして客観的な研究対象だったことはない。わたしはかれらについてただの一冊も研究書を書いたりしていない。書くことができない。かれらが、どれほど偉大な、巨大な存在であったとしても、わたしにとってはあくまでも同時代の「隣人」だったからだ。「隣人」とは、師であり、友人であり、先輩であり、いずれにしても、どこかで二人称の関係が担保されており、けっして三人称という冷たい関係にならないということ（より正確に言えば「2.4」というようなフラクタルな人称関係だろうか）。「隣人」を研究することなどできない。強い――しかもどのような影響なのか自分自身ではよくわからないほど強い――影響を受けつつ、しかしその人が一個の特異なプレザンスとして、ほら、あそこに、同時代の空間に生きているのを、こちらは一個の驚きとしてながめていたのだ。

だからこそ、その人が亡くなって、その衝撃のもと、まったく準備がないまま書かなければならなかった追悼の短いテクストには、蝋燭一本を献じるような思いがこめられていた。その一瞬に――研究などという隘路を経ることなく、そのまたちどころに――湧き上がる思いのうちにこそ、わたしにとっての、その人の存在の姿（figure）が立ち現れていた。わたしとしては、たとえその姿がわが恣意に流されたものであったとしても、そこに（一方的とはいえ）「出逢い」はあったのであり、そうした「出逢い」の軌跡こそ、ここに本としてあらためて「現像」しておきたいと思うものである（だから、本書の最初の企画は、わたしが書いた追悼文を集めることだったと打ち明けておいてもいいかもしれない）。

かれら——思考のスタイルも生き方もまったく異なり、さらにはわたしとの個人的なかかわりも（たとえば遠くから眺めていただけのフーコーから、実質的に「師」であったデリダやリオタールまで）それぞれまったく異なっていたかれら——から、いったいわたしは何を学んだのだろう？驚くべきことにすでに半世紀にも及ぶ時間が経過した「いま」だからこそ、わたしはわたし自身にこの問いをぶつけることができるように思われる。何を学んだのか？　わたしにはわからない。だからこそ、振り返って、いくらか残されている「痕跡」を辿りなおし、——「同時代」に対することの「遅延」を通して——わたしにとっての「他なる同時代」が何であったのかを手探りしてみたいのだ。

そして、その作業が、これから「煉獄」だけではなく、きっと同時代の「地獄」をも訪ねなければならず、しかし最後には「天国」へと至る（のかもしれない）哲学的な〈La Divina Commedia〉（神曲）を書くことが期待されている若きダンテたちにとって、ひとつの「参考」となる、まったくDivina（神的）ではないが、しかし虚弱な「アルレッキーノ（道化）」が演じる中途半端な〈道化芝居〉La Non-Divina Commedia の一幕にでもなってくれたらというのが、わたしの願いである。

*

本書は、「フランス現代哲学（思想）」に関してこれまで書いた論文やエッセイ、書評などのテクストあるいは対話記録などから、わたしの単著に収録されていないものをまとめ、さらに、この「まえがき」のような短い総括的テクストを書き足して構成するものである。

周知のように、星座の星の輝きは、地球からの距離によって変わってくる。つまり「星座」の形や構成は、それを見る視点によって変わってくる。わたし自身の個人的な軌跡にとっては、ロラン・バルト、ミシェル・フーコー、モーリス・ブランショという三つの「星」が、もっとも早くにわたしを魅惑した星であり、ジャック・デリダ、ジャン゠フランソワ・リオタールはわたしの博士論文の審査員であったことに明らかなように、わたしにもっとも「近い」星であった。それゆえに、本書上巻では、「フランス現代思想（哲学）」全体についてのわたしのパースペクティヴを提示する断片をまとめた第Ⅰ部に続いて、第Ⅱ部はミシェル・フーコー、第Ⅲ部はジャン゠フランソワ・リオタールに関するテクストを集めて構成される。下巻は、第Ⅳ部としてジャック・デリダ、そして第Ⅴ部はマルグリット・デュラスなどの文学者も含めてその他の多くの「星」についての書評テクストなども収録することになる。

このように先に挙げた五つの名からは、ロラン・バルトとモーリス・ブランショの名が基本構成から落ちている。それは、かれらの思考をめぐるわたしのテクストがすでに数多く既刊単著に収録されているからである。

バルトに関しては、わたしにとっては、フーコーとバルトは、わたしの精神形成にとっては、連星のように「対」をなす形で出現していることもあり、第II部のフーコーの名を冠するパートでいささかの言及を試みるつもりである。

後者に関しては、その『文学空間』こそ、わたしにとっては、サルトル、カミュ、メルロ＝ポンティという実存主義・現象学のきわめてポジティブな「銀河系」の「外」を明示した最初の「衝撃」であったとも言えるのだが、同時に、その衝撃力は、まさにあらゆる「銀河系」の中心にあるという、目に見えない「ブラック・ホール」のような作用の仕方をしていて、いまだにわたしはその「姿」(figure)をはっきり目視していないのかもしれない。あからさまに語れるものだけが、作用のすべてではない。むしろ語れないもののうちにこそ、深い作用はいまだに働き続けているのかもしれず、そのことを確かめるだけでも、あらためて「遅延を伴った同時性への問い」をこうして顕在化させる意味はあるのかもしれない、と自分に向けて言い訳を言ってみることにしよう。

いずれにしても、フランス語という外国語を通して、ほとんど同時代的に、現実的な「人」として現れたこうした「他なる思考」、「外の思考」との出逢いこそ、わたし自身の精神形成に決定的な影響を与えたことは確かである。その半世紀に及ぶ軌跡の一端をここに「集成」することをゆるされたい。

*

　このように、本書は、わたしがこれまでに発表した論稿・対談・書評・追悼文などさまざまな既発表テクストを編集したものである。論稿など比較的まとまった分量があるものについては独立して再録しているが、書評などの短いテクストについては、今回書き下ろした解説テクストのなかに全体を引用してあったりする。独立した論稿は、今回の再録にあたってタイトルを変えたものもあり、書評などタイトルがないものについては、「小見出し」的なタイトルを加えたりもしている。つまり、多少の変形がほどこされている場合もある。

　こうなると、書誌情報の掲出がきわめて複雑になるのだが、編集部とも相談の上で、最終的に以下のように簡略化した。

　1．わたしの執筆原稿で今回、その全体を再録したものについては、巻末の「初出一覧」に書誌情報を掲載する。

　2．それ以外については、本文中の当該箇所に通し番号をつけた書誌マーク（📖）を配し、巻末の「書誌」に送るものとする。

3．なお、書評などの場合、対象となった本については、作者とタイトルは明記するが、煩瑣を嫌って、それ以外の情報は省略してある。

なお、本書のエクリチュールにおいて、（年月までで「日」は明記しないことも多いが）「日付」がある種の隠れた「織り絲」でもあるので、再録テクストの初出の「日付」をインデックスとして配置している。

目次

第Ⅰ部　フランス現代哲学の星雲

主体を超えて、しかし〈人間の尺度〉

私事に亘るが、わたしが大学に入ったのは一九六八年。すぐに、――当時の誰もがそうだったが――サルトルやメルロ＝ポンティあるいはカミュなど「実存」という言葉を中核に据えた思考の本を夢中になって読んだ。しかし、その直後、わたし自身の経験からすると、一九七〇年前後からなのだが、まったく新しい「知の運動」がフランスで起こっていることが認識されはじめた。その動向はなによりもまず「構造主義」そして「記号学」という新しいラベルとともに入ってきた。つまり、実存主義を十分消化する余裕もないうちに、それを超える新しい思想がもたらされた。実存は、ある意味では、究極的な主体性にかかわる。それに対して「構造」あるいは「記号」は、そうした主体性を超えた、主体性に還元できない「意味」のシステムである。それが「新しさ」として突きつけられたのだ。

フランス発のこの新しい「知」を、一九七〇年代に積極的に紹介導入したのが雑誌『エピステーメ』(朝日出版社)であった。一九七五年一〇月の創刊号の特集は「記号+レクチュール」であった。そこに当時、大学院修士課程の学生であったわたしが原稿を寄せている——「イマージュ——記号とその影」。その冒頭は次の通りであった。

記号は、垂直に、書かれる。——あらゆる白紙、あらゆる膜(網膜、鼓膜、声帯……)、即ち、あらゆる表面に対して、おそらくは二重の仕方で、垂直に、書かれる。

この「垂直性」をめぐって論は進行し、そして「だからこの垂直性が、世界を、出来事を貫いているものであるなら、それはまた、われわれの肉体をも貫いているのでなければならない」という文を転換点にして、〈肉体〉という問題系へとジャンプし、最後は、

肉体の叫びと存在の寡黙な声、思考の《不能力》と《偶然》を最後まで廃棄し得ない《不死の言葉》のポエジィ、アルトーの生とマラルメの死……これらは、おそらくは同じ《場処》を取り囲んでいるのだし、そしてその垂直的な同じ火が、記号、存在、肉体、世界を、常に新たに、しかも常に同じように、焼き続けているのである。

と結ばれている。

「垂直的な火」という言葉が、すでに、ここに書きとめられていることに、いまさらのようにわたしは驚くのだが、このテクストは、「フランス現代哲学との遭遇」へのわたしなりの「マニフェスト」だったのではないか、と思われる。ちなみに、当時わたしは、ボードレールの散文詩を主題にした修士論文「存在の冒険」を執筆中であったが、『エピステーメ』第二号の一一月号には、特集の「仮面」に寄せて同じ形式で「イマージュII――仮面とその影」を、さらに翌年の一月号には「イマージュIII――鏡とその影」を書いている。すなわち、「記号」・「仮面」・「鏡」の「イマージュ」三部作（さらに七六年四月号掲載の「水の思考」の「水」を加えて四部作とするべきかもしれない）こそ、わたしの「思考の冒険」の「スタート・ライン」であったのだ。

この『エピステーメ』誌はまた、わたしにフランス哲学を翻訳する機会も与えてくれた。わたしが翻訳した最初のテクストは、七六年の特集「音・音楽」のためのジャン＝フランソワ・リオタールの「幾つもの沈黙」であった。ほかにもイヴァンカ・ストイアノーヴァ、ミシェル・セール、ジャック・ラカンなども訳しているが、リオタールについては、七七年一月号でも「フロイトとセザンヌ」を訳している。すなわち、『エピステーメ』誌上のこれらの翻訳こそ、リオタールへとわたしを向かわせ、結びつけた契機であったわけで、それを思うと二〇代半ばの院生にこのような機会を与えてくれた編集長の中野幹隆氏には深い感謝の思いが湧きあがる。

わたしが生まれてはじめてパリに行ったのが一九七七年の春。そのときパリ第八大学ヴァンセーヌに出かけ、外の廊下で講義が終わるのを待って、リオタール本人に翻訳が載った『エピステーメ』誌を手渡した。そして翌七八年九月から、わたしはフランス政府給費留学生の資格を得て、八一年冬までの三年間、パリ第一〇大学ナンテールのテクスト記号論学科に留学することになる。そこで第三課程博士論文を執筆し、リオタールとデリダを審査員に招いて審査会が行われたという経緯であった。

＊

この第I部では、個々の哲学者との遭遇を語るのに先立って、「フランス現代哲学」の「星座」の全体的な配置をどのようにわたしが認識していたのか、を示すいくつかの論稿を再録する。

じつは編者のひとりであった『フランス哲学・思想事典』において、わたしは「二〇世紀後半の哲学思想状況を総括する概論を寄せている。この概論の全体は本書には再録しないが、四つに分かれたその構成は、わたしの視点と重要ポイントをはっきりと示しているので、それぞれのセクションの見出しとそこでわたしのアプローチの特徴を明言している箇所を以下に引用しておく。

――**I．〈翻訳〉と〈エクリチュール〉**　「〈文学〉がいったい何であるのか、それを定義することは簡単ではないし、おそらくあらゆる定義を逃れていくようなものでそれはあるのだが、しかし〈文学〉に対する感受性を欠いたところでは、〈現代フランス哲学〉の十分な理解が可能だとは到底思われない。哲学を最終的に命題の集合に還元してすませるような思考には、〈現代フランス哲学〉が引き受けた言語の冒険はけっして理解されないだろう」。

II. 〈自由〉と〈外〉

サルトルはそれをあくまでも「〈実存〉をいったいどの位相に定位するか、両者の立場は異なっていた。〈意識〉の位相で、メルロ＝ポンティは徹底して〈身体〉の位相で考えようとしたが、そのどちらも、華麗にして忍耐強い思考が、自由としての人間の主体性の確立を目指していたことを忘れるわけにはいかないだろう」。

「[ブランショ、レヴィナス、バタイユなどをめぐる文脈で]言説のタイプも異なり、主題も異なるかれらの仕事の共通項をくくり出すことはほとんど無謀だが、見通しをつけるためにあえて言うならば、その核心にあったのは、やはりある種の〈実存〉existence、しかしむしろそこに含まれる〈外〉ex- の契機を強調して、〈脱自＝存在〉ek-sistence と書かれるべきであるような〈実存〉、サルトルやメルロ＝ポンティのそれが理性と統一性の〈昼〉の輝きを湛えたものだとすると、そうした〈主体性〉そのものが失われ、解体されるような〈夜〉の〈実存〉の経験なのである」。

Ⅲ．〈構造〉と〈シニフィアン〉「いまや、〈主体〉は〈意味〉の統一的な源泉ではなく、その根源においてすでに分裂している。かといって、〈主体〉を超えた全体的な〈構造〉があらかじめ〈意味〉を決定しているわけではない。とすれば、どこに根拠あるいは手がかりを求めるべきなのか。だが、まずは、一切の〈否定〉の手前にあるような単純な、しかし断固たる〈肯定性〉を発見するべきではないか」。

Ⅳ．〈倫理〉と〈政治〉「〈ヌーヴォー・フィロゾフ〉たちの台頭などに触れつつ」こうした確執は、八七年ファリアスの『ハイデガーとナチズム』の出版を契機にして巻き起こったいわゆる〈ハイデガー論争〉において頂点を迎える。それは、単にひとりの哲学者の戦争責任の問題ではなく、ハイデガー哲学をその源泉のひとつとして、いわば人間的な〈主体〉そのものを問い直した「現代フランス哲学」全体の価値評価がかかった問題であった。ひとつの時代を築いた哲学・思想に対する素朴な反動という傾向もそこにはあるが、しかしこの時代は、こうした〈主体解体〉の思考自体にとっても、――マルクス主義に見られる歴史の〈大きな物語〉がすべて失墜した〈ポストモダン〉的世界状況のもとで――いったい〈倫理〉や、さらには〈政治〉はどのようなものとして考えられなければならないのか、というきわめて一般的な問いが問われていたのでもある」。

【📖1】

こうしてポイントだけを列挙してみれば、わたしにとっては、「自由」を中心軸にした「昼の実存主義」から、それと表裏一体でもあった「夜の実存主義」を通して「外」の思考へと赴き、その主体性の解体の「嵐」を経て、ふたたび「もうひとつの主体性」をどのように（再）構築するのか、という問いが――これまでとは別の次元で――問い直されるようになる流れとまとめることができる。

この問いは開かれたままであり、わたし自身の漂流はいまでも続いている。だが、そこにも、わたしが「フランス現代哲学」から学んだひとつの方位星は輝いているのであって、それは、天高くではなく、むしろ地平線に近い空で輝く北極星のようなものなのだが、それこそ「人間」あるいは「人間の尺度」という理念である。後者は、X・ティリエットがメルロ＝ポンティに捧げた言葉（『メルロ＝ポンティ――あるいは人間の尺度』）であるが、これこそ、どのように形やスタイルが変わろうとも「フランス現代哲学」に一貫して貫かれている軸線であり、わたしもまたその延長線上にいると自覚するのである。

そのことを語っている短いテクストが見つかったので、ここにそれを再録しておく。出版社（朝日出版社）から「La philosophie en France（フランスの哲学）」ということで頼まれたものだろう、「コーヒー・ブレイク」というコラムに収められたわたしのテクスト。掲載された媒体は手もとになく、編集者とのファックスのやりとりだけが残っている。おそらく八〇年代の後半、本書再録の「《人間の尺度》」とほぼ同じ時期だと思われる。書いた記憶は残っていないので、瞬間的に応答して書いて送ったのだろうが、それだからこそ、「フランス現代哲学」全体についてのわたしの自発的な反応をはっきりと示しているように思われる。タイトルは「したたかな勁さ」であった。

したたかな勁さ

――フランス語で考えられ、書かれたさまざまな哲学のテクストは、それぞれきわめて多様な差異にもかかわらず、なにかある同じ勁さでわたしたちの目を射る。触れれば優しく、しなやかだが、同時にそこには思いがけない勁さが隠されていて、その弾けるような反発力にときおり、不意を打たれて驚くことがある。どの哲学でもそうであるはずだが、フランスの哲学の場合にはとくに、テクストの概念体系を理解しただけではなににもならず、その言葉が保持しているこうした一種のしたたかな勁さと共鳴するのでなければ、それを読むほんとうの楽しみは得られない。

この勁さはいったい何なのだろうか――長年フランスの哲学を読んできて、そう自問することもある。正解があるような問いとも思われないが、しかしこの問いを追っていくといつも《人間の尺度》という言葉に思い至る。

《人間の尺度》――それはとりあえずは、ティリエットという人がモーリス・メルロ＝ポンティの仕事に捧げた言葉なのだが、しかしここではむしろフランス哲学のある特徴をくっきりと照らし出すものであるように感じられるのである。すなわち、フランス哲学は、それがどのような位置を《人間》に与えようとしているのであれ、つねに現に生き呼吸している具体的な人間の尺度をけっして忘れることがないように思われるということである。当然なことのように思えるかもしれないが、しかし哲学にあってはこうした《人間の尺度》をまもり続けることはさほど容易なことではない。壮大な思弁の世界を繰り広げる誘惑はいつでもあるのであり、そうした超越の道にあって、しかしつねに具体的な人間に注がれる眼差しを維持し、そうした人間の在り様の方に引き返してくるのは自明なことではないのだ。

これは、《コギト・エルゴ・スム（我思う、故に我あり）》というあまりにも有名な定式のうちに哲学にとっての《人間》の決定的な位置を定めたデカルト以来、今日のむしろ人間中心主義的な思考を乗り越えようとする多くの戦闘的な哲学に至るまで一貫して変わらないフランス哲学の力強い底流である。断っておくが、この《人間》は、けっして単なるヒューマニズムの《人間》ではない。それはわたしたちにとってはときに耐えがたいほどに頑固で、鞏固なパッションに貫かれた《人間》である。そこには——つまりテクストの言葉の奥底では——《人間》が眩いばかりの光の強さと化している。光の強さが深い闇を伴わないわけはないのだから、それはある意味では、壮烈な光である。だが、その光の強度を照り返して、テクストの表面はつねに優しい明るさを湛えている。とすれば、《人間の尺度》をまもることの激しさと明るさ、それこそが、フランス哲学の魅力の尽きせぬ源泉なのだと言ってもいいだろう。

この《人間の尺度》という指標は、その後もずっとわたしの精神のなかに保持されてきた。それ故にずっと後になって、つまり二〇一一年の秋、パリのコレージュ・ド・フランスで東京大学が「UTフォーラム」を開催したときに、わたしは人文系を代表して講演を行ったのだが、そこでは、コレージュ・ド・フランスという場所に敬意を表しつつ、ミシェル・フーコーとジャック・モノーという二人のコレージュの教授の開講講義を引用して、わたしが《フーコー／モノー断層》と呼ぶ人間についての認識論的転換を論じたのだが、その最後に、これまたコレージュの教授であったメルロ゠ポンティの一九五二年の開講講義の一節「完全に人間であるためには、ほんの少し人間以上、ほんの少し人間以下のものでなければならないのです」を引用しないわけにはいかなかった。この文脈はすでに拙著『存在のカタストロフィー』において語られているが、このセクションの結びとして、また次のミシェル・フーコーのセクションへのバトンとして、ここにその講演の全文を再録させてもらう。

《人間》の哲学

——（1987.3）

もしいまから数十年あるいは数百年ののちに、二〇世紀後半の文化状況を振り返って展望するというようなことがあるとすれば、そのとき人間あるいは世界についての哲学的思考という領域に関してもっとも強い魅力的な光を発するのは、やはりフランス語で書かれたテクストの星雲ということになるのではないか。これは確かに、いわゆるフランスの現代哲学に親しみ、それどころかフランス語で書かれた書物を通じて《哲学》に眼を開かされた者の身贔屓(みびいき)の発言かもしれない。だが、私の個人的な思い入れを割引いても、人間あるいは世界の本質についての問いの深さにおいて、またその問いを問いとして仕上げる方法の多様性において、フランス語によっておこなわれた思考を大きく凌駕(りょうが)するものは他の文化圏には見出されないように思われる。

誤解がないように申し添えておけば、これは他の文化圏に偉大な、価値ある仕事が存在しないということを主張しているのではない。そうではなくて、古代ギリシャをその淵源とする《哲学》と呼ばれる思考の流れが、一八世紀末から二〇世紀前半に至る《ドイツの時代》を経て、今世紀の後半には《フランスの時代》を通過しつつあるということに過ぎない。あるいは言い換えてみれば、戦後のフランス文化が、ひとつの思考の共同体として、ギリシャ以来の様々な哲学の問いを独自な仕方で引き受け、翻訳し、問い直したのだ。——実際、その意味では、現代フランス哲学はほとんどすべてドイツの偉大な哲学者たちの仕事の受容から出発しているのである。サルトルの実存主義あるいはメルロ＝ポンティの身体の現象学の根底にはフッサールの現象学がある。また、構造主義と呼ばれた人たちの仕事の背景には、ヘーゲルそしてマルクスの影響が見てとれる。デリダの仕事は、ハイデガーの存在の思考なしには理解され得ないだろうし、ドゥルーズの哲学はニーチェの哲学の延長線上にあると言ってもよいだろう。

一般的には、戦後のフランス哲学におけるドイツ哲学の影響は、二つの時期に分けて考えることができる。最初は、戦前から一九六〇年代の初期までの間で、この時期は《3H》を軸としてドイツ語からフランス語への哲学的問いの移送がおこなわれる。《3H》とは、ヘーゲル（Hegel）、フッサール（Hüsserl）、ハイデガー（Heidegger）である。次いで、六〇年代初期から七〇年代全体にかけては、別の三つの固有名詞の組がフランスの哲学の基軸になる。それは、《M・N・F》、つまりマルクス（Marx）、ニーチェ（Nietzsche）、フロイト（Freud）である。

それでは、八〇年代の現在の状況はどうだろうか。指摘するべき一つの固有名詞はカント（Kant）だろう。しかし、それ以外には、少なくとも私の知る限りでは、フランスの思考の共同体の共通の軸を形成するような特定の固有名詞は見あたらない。むしろ全体的な動きとしては、ドイツ近代哲学以外の哲学へのアプローチ、哲学以外の科学・文学・芸術へのアプローチ、そしてフランス現代哲学そのものへの回顧的なアプローチといったいくつかの傾向が共存する着実な、しかし激しい熱気を失った状況が観察されるように思われる。これが、哲学の《フランスの時代》の終焉を告げるものなのか、それとも一時的な休止を意味するだけなのか——それは、誰にも判りはしない。しかし、少なくとも外側からはそのように観察されるこの一種の《停滞》は、単なる歴史的な一時の現象だとは思われない。むしろそれは、哲学の《フランスの時代》を規定していた問題圏そのものに内属する《停滞》であるように思われる。すなわち、強いて言えば、哲学のフランス的な問題の立て方そのものが、その未曾有の可能性を燃やし尽くし、ある種の限界にまで辿り着いてしまっているというようにも思われるのである。

とすれば、あるいは哲学の《フランスの時代》を決定するものであるフランス哲学の特徴そして限界とは何だろうか。いったい何が哲学におけるフランス的なモメントを規定しているのか。

言うまでもなく、これは無謀な問いと言うべきである。あれほどの多様な思考、対立し合った思想を前にして、そこからひとつの共通の特徴を抜き出してくることなどけっして可能ではない。ひとつの特徴を取り上げれば、途端に無数の反例が提出されてしまうだろう。だが、にもかかわらず、敢(あ)えてその危険を引き受けて、在り得べき答えを模索するとすれば、少なくとも私にとっては、それは《人間》という言葉へと帰着する。

《人間》――だが、あらゆる哲学的問いは《人間とは何か》という問いへと収斂(しゅうれん)しないだろうか。そうかもしれない。《人間》を離れていかなる哲学的問いもあり得はしない。しかし、《人間とは何か》と問い詰めていけば、われわれは必ずや《人間を超えるもの》によって《人間》の存在を解明せざるを得なくなる。《人間》を問うことは、《人間を超えるもの》と出会うことである――それが、余りにも単純な言い方だが、《哲学》の道であったように思われる。ここには超越の問題がある。どのような哲学も、それなりの仕方で、この超越の問題を解くことを余儀なくされている。しかし、それを解くためには、どのような形にしろ、《人間を超えるもの》を設定しなければならない。ドイツ近代哲学の歴史は、一言で言えば、《人間を超えるもの》の理念の輝かしい歴史である。そこでは、自然、精神、歴史、存在といった様々な理念が、それぞれ複雑な論理体系とともに、この超越の問題に答えようとしている。その壮大な問題圏を引き受けながら、しかしフランスの現代哲学は、ある意味では、《人間を超えるもの》そのものを人間化しようと努力しているよう私には思われる。

《人間を超えるもの》、それもまた人間である――これはフランスの哲学の結論というよりは、むしろその出発点である。問題は、《人間》から出発して《人間を超えるもの》に出会うのではなく、《人間を超えるもの》がまた《人間》であるように《人間》というものを考え、理解することなのである。《人間を超える》というこの《超越》の運動そのものが《人間》であることになる。思考の力点は運動そのものが《人間》であるということ。つまり《超越》というこの人間的な運動の方にある。

こうした視点は、文字通り《内在における超越》を唱え、《人間》をあくまでもこの生々とした《身体的存在》として捉えようとしたメルロ＝ポンティの哲学にも、また《投企》というみずからの存在を歴史へと投げ出す行為によって歴史を人間化するサルトルの実存主義哲学にもはっきりと刻印されている。また、一般的には、反・人間主義的思想と言われることの多い構造主義の思想も言語というまさに《内在にして超越》である領域に立脚することによって、《人間を超えるもの》をそれでも言語という《人間的なもの》の裡（うち）にとどめているのである。

二〇世紀の人間科学が発見した《言語》、《無意識》といった領域は、それまでの確固とした人間の主体性を大きく揺り動かした。しかし、そうした否定的契機すらも、《人間》という《超越》の新たな証しとして、《人間的なるもの》への一層深まった肯定へと結び付けていくところにこそ、戦後のフランス哲学の力強い冒険があったように私には思われる。それは《人間》の名における冒険であった。そこには、《人間》に対する断固とした《愛》の断言と、そのような《人間》についての思考あるいは知性に対する絶対的な《信頼》の表白がつねに聴き取られた。それは《人間》に対するあくことなき《Oui》であったのだ。

勝手な憶測は許されないにしても、しかしその性急な、しかし決然とした《Oui》の響きが心なしか強さを失ってきているように最近では思われる。《超越》という人間的な運動そのものに根ざす否定性がむしろ歴史の前面に踊り出て、人間的な《Oui》の希望に一抹の翳り（かげ）を投げかけている。あくまでも《人間》の名において、この《人間》の限界を超えることがまだ可能なのか、それともフランスの現代哲学が忘れていた何かが思考のもとに到来しなければならないのか——それは、もはやフランス現代哲学だけの問いではなく《人間》の運命に思いを馳せるわれわれすべての問いである。

《ポスト・モダン》の選択

——（1987.1）

《ポスト・モダン》という言葉には、確かにどことなく虚ろな響きがある。そして、その虚ろさにあえて耳を傾けようとはしない人々にとっては、それが同時にある種のいかがわしさに結び付けられてしまうのは当然であるかもしれない。

実際、その言葉は一方では、ひとつの時代、すなわちみずからを《モダン（近代）》と呼んでいた時代の終焉を告知しているようでありながら、しかし他方、それに替わるべき新しい時代については、いかなる実質的ないし肯定的な内容も明示してはいない。奇妙なことに、そこには意味の核となるべき中心的な理念が欠如しているように思われる。そして、それ故にこそ、この言葉は、積極的にしろ批判的にしろ、それを用いる論者ごとに、異なった意義を与えられ、違った解釈を受け、その混乱が一層それを不透明なものにしてしまっている。それはひとつの時代をくっきり照らし出す理念の強力な光を持ってはいない。それが語るのは、むしろ、われわれが生きているこの現在が、すでにひとつの時代が終わり、しかも来るべき時代がまったく見えない、時代と時代のあいだの空隙であるということに過ぎないのである。だから、《ポスト・モダン》という時代があるのではない。《ポスト・モダン》は時代に与えられた名ではなく、状況——ある意味では《近代(モダン)》という時代の終わりなき終わりの状況に与えられた名なのである。

だから、それを《ポスト・モダン》と名付けることに同意するにしろしないにしろ、それが少なくとも《先進国》と呼ばれるような諸国の文化にとっては、否定することのできない確固たる状況であることに目をつむるわけにはいかない。この《ポスト・モダン》という言葉が流通し始めるのは、大体一九六〇年代の後半から七〇年代にかけてであるが、この時期を境にしていわゆる《先進諸国》の政治・経済・文化が決定的な変質を蒙っていることは、誰にとっても明らかであるに違いない。確かに、それは《変質》であって、様々な近代的な制度が大きく構造的に変化したわけではない。《国家》というもっとも近代的な制度をはじめとして、われわれの社会・文化を規定している諸制度は相変わらず存続している。しかし、にもかかわらず、それらの様々な制度は、実際的な運用において、すでに《近代》というプログラムに書き込まれていたその本来的な理念から微妙に逸脱し始めているのである。というよりも、制度はその正当性を保証していた理念にもはや基礎を置くことなく、しかし実効的な装置として機能し続けていると言ったほうがよいかもしれない。

二、三例を挙げておこう。例えば、国家。国家の理念的な全体性・統一性は、《多国籍企業》に典型的に見てとれる地球的規模の世界経済システムによってもはや、現実的には完全に乗り超えられてしまっている。国家は、共産主義国、資本主義国を問わず世界経済システムのひとつの調整の場に過ぎない。国家の決定力はすでにそれを超えるシステム全体に従属してしまっている。同時に、国内的にも、政府の国家権力の行使に対して経済システムの観点からの効率の原理が厳しく適用されようとしている（昨今の《行政改革》あるいは公営企業体の《分割・民営化》はそのような現象のひとつの徴候である）。

あるいは、大学、すなわち知の制度。これは、《ポスト・モダン》状況に哲学的なアプローチを試みたフランスの哲学者ジャン゠フランソワ・リオタールの『ポスト・モダンの条件』が主題的に取り扱っている領野だが、《近代》を成立させた最大の理念的モメントが知であったことを考えれば、その重要性は否定し難い。しかも、実際に、六〇年代後半から七〇年代後半にかけての《ポスト・モダン》状況があからさまに定着し始める時期は、《先進国諸国》において同時的に生起した大学を場とする紛争によって特徴付けられているのである。その学生達の運動は、確かに様々な《革命》の物語によって彩られてはいたが、しかし社会的な革命を目指したものというよりは、むしろ大きく変わろうとしている知のステータスそのものに対する《異議申し立て》であったと言うべきだろう。すなわち、これ以後、知は、《真理》という普遍性の理念によって護られた独立した領野を形成するのではなく、徹底して経済システムに従属した領野として現われてくることになる。そして、それに対応するように、知自体も大きく変質する。それをここでは《工学化》と言っておくことにしよう。「人間工学」、「言語工学」、「生命工学」……ここ一〇年余りのあいだに各大学で新設あるいは再編成された学科の名称を一瞥するだけで、われわれは知の加速度的な工学化が及ぶ範囲を推定することができる。知の工学化は、知がまさしく投資の対象になったことを意味している。知を正当化するものは、《真理》という教育と研究を橋渡ししていた理念ではなく、テクノロジーにおける経済的な実効性にほかならないのだ。

まだまだ他の多くの事象を、《ポスト・モダン》状況の指標として差し出すことができる。あるいは家族という問題、あるいはマス・メディアなどによる社会の情報化の問題、あるいは対立・闘争モデルとする社会運動の衰退など……。だが、これらの事象のどれにも共通して観察されるのは、資本の原理だけによって統御された経済システム——いやむしろ文化の全体を覆い尽しているという意味では《超経済システム》と呼ぶべきかもしれない——の圧倒的な優位のもとに、本来各制度の核を形成していた近代的な理念が限りなく空洞化している状況である。そして、各制度が、《効率》あるいは《実効性》という唯一の判断基準に従属しているという事態である。

そのもっとも卑近な例を挙げれば、多額の生命保険に加入し、健康を気付かってジョギングに精を出す今日のわれわれは、みずからの身体も生死までも文字通り《資本》として扱っているのであり、われわれはみずからの《存在》に対して計算可能な《実効性》の基準を適用していることになるのである。

こうして《ポスト・モダン》状況においては、《近代》という枠組みを決定していた様々な理念が、現実的な《実効性》の前に、なしくずし的に失効する。《ポスト・モダン》とは、端的に言えば、理念の危機にほかならない。そして、同時に、それは《人間》という理念、理念的に設定された《人間》というものの危機にほかならない。

《近代》という枠組みを決定していた中心的理念は、あくまでも普遍性として考えられた《人間》であった。言い換えれば、そこでは、普遍性はもはや《神》という超越者ではなく、《人間》を尺度として考えられたわけである。だが、同時に、この普遍性は理念的にのみ考えられているのであって、けっして現実的に与えられているわけではなかった。そして、それ故にこそ、《歴史》というもうひとつの相補的な理念が要請されなければならなかったのである。《歴史》と《人間》とは対をなしている。《近代》すなわち《西欧》の基本的なプログラムである《啓蒙》、そのヴァリエーションのひとつでもあるマルクス主義的な《解放》、そしてまたヘーゲル的な《精神の生》の弁証法——これらの運動が、認識においてであれ、すべての個別的な共同体を超える共同体を目指す実践においてであれ、人間による人間の普遍的な本質の産出のプロセスないしプログラムとして《歴史》を生み出したのである。近代的人間とは、なによりも普遍性の理念によって統制されたこの《歴史》に主体的に係わる人間であった。自由な意志に基く選択、行動を通じて人々は《人という普遍性》の実現に関与し得ることが理念的に保証されていたのである。

とすれば、《ポスト・モダン》状況において、もっとも致命的な打撃を蒙るのが、このような《歴史》理念であることは明らかだろう。というのも、《効率》——すなわち、投資と収益との関係

――を唯一の評価基準とする超経済システムにおいては、《時間》はもはやこの理念的な《歴史》にはまったく結び付かないからである。そこでは、《時間》は《効率》そのものですらある。同じだけの再生産を行なうには、《時間》は短かければ短かいほどいいのだ。それは、本質的に、歴史の彼方に設定された理念的目的の方へは向かわない。また、システム全体の観点からすれば、そこではひとりの個人は、理念的にも、まして現実的にも、その全体の決定に関与することはできない。それはこの決定がなによりも実効的な、現実的な決定でなければならないからだ。そして、もはや誰にもこのシステムの膨大な現実的なファクターを見通すことはできないからである。それ故に、システム全体に係わる決定は、一群の《専門家（エキスパート）》の手に、そして極限的には巨大な情報操作容量を備えた《機械》に委ねられることにもなるのである。

《機械》が《歴史》をつくる。意志と情熱ではなくて、現実的な計算と計画とがシステムの《歴史》をつくる。これがあくまで極限化された限りでの《ポスト・モダン》状況の在り様である。ところが、われわれはこのようなシステムを一方的に拒否することも、またそれを《打倒》しようとすることもできない。というのは、システムはすでにそのようなシステム内の抵抗をそのファクターとして計算に組み込み、むしろシステムの活性化のために積極的に利用してさえいるからであり、また結局は、システムに対する《否》は、システム全体に対して、取り上げられていないファクターを計算するようにと要求し、そうすることによってその全体の《効率》を改善し、システムを一層精緻化するという要求にすり替わってしまうからである。システムは、その全体的な機能が実効的であるためには、つねに未知のファクターを計算可能なものとし、それを組み込んで、果てしなく全体化していく必要があるのである。

現実的合理性の計算によって機能するこの非人称的な《機械》は、しかしただ単に非人間的であるのではない。それは、むしろ《欲望》というもっとも普遍的な人間の力を原理としているという点においては、極めて人間的でもあるのだ。だが、同時に、このようなシステムは、それが人間の存在を計算可能な透明性においてしか考慮しないという点において、限りなく非人間的である。すなわち、そこでは、欲望は計算可能な合理的欲望へと一元化されている。言い換えれば、システムはすべてのファクターを計算可能なものにする一元化によって機能している。言語は《情報》へと一元化され、時間は一様な《効率》へと還元され、人間社会は同質的な欲望の操作、関係網へと帰せられる。そして、このような一元的な同質性は、けっして人間的ではないし、またそれがどれほど似通っているように思われるとしても、それは、人間の《普遍性》ではないのである。

ここにおいて、われわれは、《普遍性》という近代的理念——より正確に言えば、あらゆる理念の正当性の根拠であった理念——のもとであるいは覆い隠されていたもうひとつの理念を見出すことになる。それは、人間存在の、そしておそらくは存在一般の、非共約的な《異質性》あるいは《特異性》である。そして、その明証こそが、けっして《情報》には還元されない言語活動の異質性なのである。言語は互いに異質な無数の《言語ゲーム》によって成立しており、時間は互いに共約不能な特異な必然性に貫かれており、また欲望は、もはや計算することも分析することもできない不透明な無意識の広大な海へとつながれている。そこでは、人間はみずからへの関係においても透明な同質性、同一性を見出すことはできない。

だが、このように言うことは、近代の格律であった《普遍性》という理念を失効したものとして葬り去るということを意味しはしない。そうではなくて、一元的な同質性によっては回収され得ない《異質性》においてこそ《普遍性》を見出すという困難な課題を引き受けなければならないということが言われているのである。

そして、ここにおいて《ポスト・モダン》状況は、われわれにまったく新しい理念的な作業を課していることが明らかになる。そして、それこそが《ポスト・モダン》という言葉の唯一の肯定的な含蓄なのである。

《異質性》における《普遍性》、あらゆる一元化をすり抜けながら絶えず差異化していくような《普遍性》――このような一元的な論理構造には還元できない形態において《理念》すなわち《アイデア》を生み出すこと。そして同時に、それは、《普遍性》という理念さらには《理念》一般を記述的に、つまり現実的にしろ、理想的にしろ状態的に考えるのではなく、むしろ実践的に、すなわち倫理的に、あるいは感性的に考え直すことを要求するだろう。

そのような企図がはたして実効的に可能であるかという問いは、すでにシステムの問いである。また、それがどのようなものであれ、現実的な効果としてはシステム内に回収されざるを得ず、そうしてシステムの自律的全体性に奉仕することになるということも、システムという観点にとってのみ有効な問題に過ぎない。共約不能な《異質性》における《普遍性》に向けての様々な近代的《理念》の鋳直しは、すでに人間にとっての現実を、システムという一元的な価値において現実化されたものとは異質な領域に見出している。人間は、現実は、近代的人間が素朴に思い込んでいたようには透明ではなく、計算可能ではなく、知によって全面的に記述可能なものではない。むしろわれわれは、《ポスト・モダン》状況がもたらす理念の空洞化を通してこそ、われわれがそこに組み込まれ、そこでみずからを《無力なもの》として了解しているこの現実とは異なる現実、未知なるもの、さらには非＝知なるもの、そして絶対的に他者であるものと向かい合うように要請されているのである。

とすれば、確かに《ポスト・モダン》という言葉には一種の虚ろな響きが内包されているとしても、その言葉を好む好まないは別にして、その虚ろな空洞そのものに耳を傾け、その響きにシステムの同一化を脱れていく多様な《異質性》を聴きとるという《パッション》passion ではなく《忍耐》patience の仕事を引き受けようとするかどうか――それこそが、《ポスト・モダン》の選択なのである。

自由への横断——ライン川を越えて

——（2008.4）

星座や銀河や星雲のように

孤立した巨星がないわけではない。しかし、「哲学の歴史」を仔細に、しかも距離を置いて観察してみれば、この歴史がかならずしも個人の仕事の集積の歴史ではなく、むしろ星座や銀河や星雲のように、ある時代に一群の哲学的思考が一挙に花開くという、個人を超えた出来事の歴史であるようにも思えてくる。

多くの場合、一つの時代に、一つの言語（ここでは仏語で「ラング」〔langue〕と呼ぶ「国語」としての言語）の中で、突然に、ある傾向の哲学的思考が爆発するというように思えるのである。どんな「哲学の歴史」を書くとしても、古代ギリシア哲学、中世から近代にかけてのラテン語の哲学、近代ドイツ哲学、そして現代フランス哲学という巨大な銀河を無視することはできない（もちろんお望みなら、そこにイギリス経験論哲学あるいはインド哲学、中国哲学、イスラーム哲学を入れてもかまわない)。しかも、これらの銀河はけっして他の銀河と無関係に存在しているのではなく、先行する銀河系は後から生まれてくる銀河系につねに大きな影響を与えている。

いまここで問題になっている、ドイツの哲学からフランスの哲学への「横断」はその最も鮮やかな例であって、二〇世紀フランス哲学のかなりの部分は、およそライプニッツ、カントからハイデガーまでのドイツ哲学の——たんなる「翻訳」などではなく——壮大な「転位」「移植」「変容」とでも言うべきものであるのだ。

言うまでもなく、一世紀にも及ぶこうした転位の現象はきわめて複雑なものである。たとえばハイデガーの哲学の影響にしたところで、サルトルの実存哲学への影響とレヴィナスあるいはデリダの哲学にそれが与えた影響とは、時期も内容も異なり、しかもその間にハイデガー哲学自体も歴史的な変遷を遂げていくのだから、けっして単純な一元的な影響関係の記述ができるようなものではない。

だが、そのうえで、ドイツからフランスへのライン川の「横断」をそれでも特徴づけるために、あえてきわめて乱暴な言い方をして、たとえば「自由への横断」と名づけてみようか。すなわち、ロマン主義の色彩の強い超越論的なドイツ哲学の思考の枠を通して、フランスの伝統とも言うべき思想の根幹にある「自由」を問い直し、あらためて根拠づけようとした試みというわけである。それは、言い方を換えれば、実存と歴史とをどのように「自由」によってつなぐのか、という問題でもあった。そしてこれを、フランス哲学は、まず最初は、ドイツ哲学の最も強力な論理とも言うべき弁証法をわがものにすることによって解決しようとしたと言えるかもしれない。

実際、たとえばコジェーヴを介して行われたヘーゲル哲学の転位が、あの膨大な体系の中でとりわけ「主人－奴隷」の弁証法（『精神現象学』）に特化するかたちで行われたところに、そのはっきりとした徴候を見て取ることができるだろう。弁証法は、サルトルにとっても、メルロ＝ポンティにとっても、人間主義的な歴史のヴィジョンにとっての最後の砦であった。

しかし、同時に、フランス哲学は、言語学や文化人類学、さらには精神分析、心理学といった人間科学の諸領域の成果を集約しながら、こうした人間主義的な、あまりに人間主義的なヴィジョンへの根源的な懐疑も抱え込まないわけにはいかなかった。すなわち、そこでは意味に代わって、そしてそれゆえ弁証法的な総合に代わって、構造が優位に立つ。構造のもとでは、自由はほとんど不可能である。あるいは、自由はその意味を失う。逆説的ではあるが、自由の根拠を求めて、フランスの思考は構造にぶつかり、そこでむしろ自由の不可能性に目覚めることになるのだ。

ところが、フランスの思考は、今度は、この構造という視点から、逆にドイツ哲学を読み直そうとし始める。ドイツの思考を、たんにフランス語に翻訳するのではなく、みずからの新しい視点をドイツの思考の中に読み込んでいくとでも言うべきだろうか。たとえば、アルチュセールによるマルクスの読解――彼は、マルクスのテクストを複数の構造の構造化という重層的な決定論の視点から徹底的に読み直そうとする。あるいは、ラカンによるフロイトの読解――そこでは、フロイトの無意識の理論が、言語学から借り出されたシニフィアン概念を通して読み直され、主体の無意識の構造がえぐり出されている。

ドイツにおいてはかならずしも連結していなかったマルクスとフロイトとのあいだに、構造概念を媒介にして強力な線を引いたのが、フランスの一九六〇年代である。歴史における重層的な構造、主体における無意識の構造——これらが構造的に自由を危うくするのだ。

時代の出来事

では、自由は死に絶えたのか。いや、そうではない。フランス哲学は、マルクス＝フロイトの「構造」線を超えて、なお「自由」を求めないわけにはいかなかった。では、どのように？　端的に、意味以前の力によってである。弁証法は、「正－反－合」と図式化されるように、否定を媒介とした総合の運動である。そして構造は、差異を通じて意味を規定する関係群である。だが、そうした関係化、意味化に先立つ、分節以前の肯定性、まだ否定を知らない肯定性があるのではないか。たとえば、フロイトがあらゆる無意識の構造の根底に見出した欲動。あるいは、強度。そうした無垢な力の発動こそが、構造の支配に対する自由の純粋な表現ということになる。

これはあまりにも非現実的な夢のような思考かとも思われよう。しかし、フランスの思考にとって、パリの「六八年五月」の出来事は、まさにその具体化の出来事にほかならなかった。それは歴史の構造（秩序）の中にぽっかりと開いた空隙であり、あらゆる意味の拘束を無化する純粋な強度の発現だった。それは、哲学の出来事であったのだ。

その出来事が、構造の哲学に代わって、今度は、出来事の哲学を要請する。そして、その至高の保証人として召喚されたのがニーチェであったことは、ある意味では必然でもあったろう。いわば「最後の哲学者」として、ということは、あらゆる歴史の構造を超えて――理性と狂気との分断線を「横断」すらしつつ――、絶対的な強度としての自由を肯定するニーチェがラインを渡ってやって来るのである。そこでは、自由はもはや意味ではなく、強度の出来事となり、歴史の論理は弁証法ではなく、永遠に回帰する反復となる。それはフランスの人間主義の一つの極点――「人間」という概念すらもがそこでは脱構築的に解体していく極点――であったとも言えよう。

たとえばクロソウスキー。彼は、ニーチェの優れた翻訳者であると同時に、みずから作家でもあったが、その文学の仕事はニーチェの(そしてサドの)光のもとで、人間存在の根源的な倒錯性を明るみに出すものであった。人間はついにみずからを根源的な倒錯者として認識するのである。そこには、デカルトが「コギト・エルゴ・スム」のあまりにも明快な原理を打ち立てたときに排除されたすべてのもの――身体・イメージ・ファンタスム・欲望・他者・性・暴力・侵犯――が逆流的に回帰してくるのだ。近代が補完されたのである。

こうしてフランス哲学は、およそ一九四〇年代から七〇年代にかけ、ヘーゲルから出発して、マルクス、フロイトを経て、最後にニーチェへといたる、と大きく図式化できるプロセスを通ってドイツ哲学を「横断」ないしは「転位」する。だが、この最後のニーチェの笑いがさんざめく強度の哲学が永劫に続くわけではない。「六八年五月」の熱狂も残響も沈静化してくる七〇年代後半からのフランス哲学の関心は倫理へと向かう。

強度の倒錯的な自由だけでは社会を構成できない。ニーチェ的なものを経てなお、どのように倫理が可能かという問いに向き合うために、フランス哲学が対話したのは、フランスのモラリストたちではなく、今度はドイツ哲学の一番手とも言うべきカントであった。カントとともに、あらためて理性を限界づけ、倫理の、そして政治の可能性を探ろうとしたのである。「横断」はついにカントという原点にまで届いたと言うべきだろうか。

もちろんほかにも、セールやドゥルーズによるライプニッツ水脈の現代への還流も忘れるわけにはいかないし、静かに続いているウィトゲンシュタインの影響、あるいは一九九〇年代以降、急速に浮上するベンヤミンの衝撃などもあるが、しかし全体としては、カントの読み直しをもって、ドイツ哲学の星座がフランス語の星雲と激突して新しいフランス哲学の星座を生み出したあの熱い「時代の出来事」は、いったんは終熄に向かうように思われる。それは同時に、フランス哲学のダイナミズムが少し沈静することとも一致していて、哲学的な思考の激しさがいかに、他者の思考との衝突によって支えられているかをあらためてわれわれに考えさせるのだ。

難解さについて――エクリチュールの物質的な抵抗

――（2008.4）

フランス現代哲学の一大綱領

たとえば今から数世紀後に、まだ人類が滅びてはいないとして、かつ哲学なるものが、どのような仕方であれ、まだ存続し続けているか、あるいはもう残っていないのだが、それでもかつて存在した哲学なるものの歴史を書こうという試みが行われたとして、そのとき乱暴にも、短く一言で、二〇世紀における哲学の営みをまとめて言ってみるという課題が課せられたとしたらどうだろう。答えの可能性はもちろんいろいろあろうが、しかし「哲学がとうとう言語に手を付けた」ことがまず有力な候補になることは動かない。

言語なしには哲学はない。哲学は、言語を通しての営みである。つまり、哲学はあくまでも言語そのものを「通り」過ぎなければならない。そうでなければ、それが真理、理性、普遍性――いずれにせよ、イデアルなもの――に関わることが保証されないことになるだろう。いや、哲学に限らず、そもそも言語とは、よく使い込まれた道具のように、みずからの存在などは透明に脱落させて、意味というイデアルなものを他者に伝えるものなのではなかったか……。だが、言語の透明性というこの素朴なヴィジョンこそ、まさに二〇世紀の哲学、とりわけフランスの哲学が「手を付けた」ものなのだ。

「手を付ける」とは――ここではフランス語の「toucher à」という表現が下敷きなのだが――「傷付ける」こと、それを完全に否定するのではなく、しかしその有効性に異議を申し立てることである。つまり、それは、言語を、もはや意味伝達という機能をもつ透明な存在ではなく、触れることができるような不透明な存在、話し語る主体の意識や意志に抵抗する「手応え」を与え返す独自の存在として認識するということなのである。

この認識は、言うまでもなくある意味では哲学を危うくする。イデアル性という哲学の理想の前に、哲学が前提とする言語そのものが不透明な、無視しえない、払拭しえない存在として立ち塞がるということになれば、それは――いささかゲーデルの不完全性定理に似ているが――原理的に「完全な哲学」は不可能である、ということを意味する。言い換えれば、言語の物質性によって汚染されていないような純粋なイデアル性をア・プリオリに措定することはできない。哲学はもはやみずからを素朴に、世界や人間についての、無条件的でイデアルなテーゼの集合やシステムだと規定してすますことはできない。

むしろイデアル性の生成が言語に内在するとすれば、言語の存在そのものに「手を付け」、それに働きかけることによって、哲学は、イデアル性一般の批判、ないしは哲学そのものの批判という言語実践とならなければならない。それをフランスの言語はエクリチュールと名づけたのである。

エクリチュール（écriture）とは文字であり、筆跡であり、文書であり、だが、何よりも「書く」という実践である。主体、意識、意味といったイデアルな同一性を、エクリチュールによって実践的に批判する——このことこそ、フランスの現代哲学の一大綱領だったのだ。

デリダにしても、ラカンにしても、またその他の多くの現代フランスの思考者にしても、彼らが書くものは、たしかに難解である。だが、この難解さは、順を踏んで考えていくと最終的には完全に理解可能なものとなるはずの、たとえば数学的な難解さなのではなく、そのようなイデアルな理解に解消することができない物質的な抵抗としての難解さである。つまり難解さこそが本質的、しかもイデアルな意味ではなく、実践的な意味で本質的なのである。

実際、たとえばデリダの著作を読んで、文脈から独立して、どんな時間に対してもイデアルに普遍性として成立するテーゼを、そこから引き出すというような読み方をした瞬間に、その読み方はテクストを裏切ってしまう、ということにわれわれは敏感でなければならない。だが、同時に、そこから出発して、そのようなイデアルな意味を読むという読み方をきれいさっぱり否定しうるなどと考えるのもまた性急なのだ。だからこそ、デリダは、破壊（destruction）ではなく、脱構築（déconstruction）という、二元的対立構造のある意味では避けがたい必然性そのものを批判するという運動的実践を主張したのだ。

この実践性は、一方では、明らかに唯物論的な批判の実践の系譜につながるものである。権力は、それが暴力として現発動する以前にすでに現勢的・潜勢的に、意味の権力である。意味のイデアル性と権力は強固に結び付いている。構造主義が明らかにしたこの意味のイデアルな超越的構造そのものを、批判的に解体する実践がエクリチュールの一つの次元である。

シュルレアリスムとマラルメ

他方では、この実践性は文学を要求する。文学こそ、イデアルな意味（シニフィエ）には還元不能な文字ないし意味するもの（シニフィアン）の物質性を組織する運動的実践そのものだからだ。哲学が文学を呼び、そして文学もまた哲学を呼ぶ。そして、このような二重の呼び返しの渦がフランスの現代哲学の舞台において生起したのは、けっして歴史の偶然なのではなく、事後的に振り返ってみれば、それを可能にした豊かなバックグラウンド、あるいは源泉があることに気が付かないわけにはいかない。

一つはシュルレアリスム。もし哲学をエクリチュールによる批判的言語実践という視点から捉えるなら、そのすべては、すでにアンドレ・ブルトンとフィリップ・スーポーによるオートマティスム（自動記述）の発見と実践において準備されていたと言うべきだろう。そこではもちろん、まずは詩的効果が問題になっていた。しかしブルトンはこの詩的実践を、生のあらゆる領域に拡げることで、ほとんど一個の、だが多様な内実を孕む「哲学」を実践し続けたのである。しかもその実践は多くの人を巻き込みながら、一つの運動を形成していた。そこには、「実存」はもとより、「構造」も「他者」も、戦後の哲学において問い直されることになるテーマはすべて登場していたとも言えるのだ。

だが、多様な領域において広大な影響を与えたシュルレアリスムは、「哲学」としては認知されず、たとえば本書『哲学の歴史』にも場所を与えられていない。だが、もし「言語に手を付ける」という視点から「哲学の歴史」を見るならば、シュルレアリスムという豊かな源泉を無視することなどできようはずもない。それは「言語に手を付ける」ことの哲学的な意味とそれが提起する問題についてすでにきわめて明晰な自覚を具えていたからだ。

「哲学の歴史」が「哲学」の「内部」だけで完結するなどと思ってはならない。「歴史」とはそのようなものではない。個人的には、わたしは、冒頭に召喚した今から数世紀後の哲学史家が、世紀の後半も含めて、二〇世紀のフランス「哲学」のほとんどすべてをシュルレアリスムという広大な運動の一部として記述したとしてもけっして驚いたりしない。

もう一つ、さらに歴史を遡って、どうしても挙げておかなければならないのがステファヌ・マラルメ。なにしろ、一九世紀末のこの「難解な詩人」にこそ、われわれは「言語に手を付ける」という表現そのものを負っているのだから。一八九四年オックスフォードとケンブリッジに招かれた詩人は「音楽と文芸」と題された講演を行うのだが、そこで彼はフランスからのスキャンダラスなニュースとして「人は詩（vers）に手を付けた」と宣言したのである。マラルメが問題にしているのは、もちろん韻文詩の衰退そして自由詩や散文詩の出現という詩の出来事のことなのだが、それはたんに文芸の一ジャンルの様式の変化などではなく、言語がその透明性を失って、その不透明な存在を現し始めたという決定的な事態と対応しているのだ。

だが、マラルメはただ、観察者としてこの事態を報告しているのではなく、実は、彼の仕事のすべては、彼自身が経験した言語という存在との絶望的な、しかし美しい出会いのまわりを回っているのである。一八六六年『エロディアード』と題された詩作品を書こうとし「詩句を掘り下げていくうちに」、マラルメは「無」と出会う――彼は「幸いなことに、私は完全に死んでいた」と手紙に書いているのだ。

書くという実践を通じて、言語が存在し始める。すなわち、意識や自我といった人間の主体性をはるかに超越した独自の、しかも限りない秩序――いや、まさに解体的な「秩序」――を具えたものとして言語が立ち現れてくる。理性が機能するためには、言語が、その働きにおいてその存在を透明に脱落させていることが前提であった。ところが、いまや、その関係は逆転する。私が語っているというより、言語そのものが語っている――そのように言うべき事態が出来する。「言語に手を付ける」どころか、われわれは「すでに言語によって手を付けられている」。言語がわれわれの経験に先立っているのであり、それこそがエクリチュールの経験の内実なのである。

実は、シュルレアリスムの時代に、マラルメは忘れられてはいないものの、かならずしも中心的な位置を占めていたわけではない。ブルトンにとっては、ロートレアモンやランボーのほうがはるかに強力な先駆者であったはずである。

そのマラルメの「主体の夜」の経験に強い光を当てたのが、モーリス・ブランショである。その『文学空間』(一九五五年)は、マラルメのエクリチュールの経験とカフカのエクリチュールの経験を二つの軸にしながら、文学の作品論ではなく、作家が書くことを通じて、みずからの主体性を危うくしながら――究極的には主体としては「消滅」しながら――、作品世界に引き込まれていくという根源的受動性とも言うべき運動を論じたものであった。それは、たとえばサルトルにおける歴史の中へのアンガージュマンという、あくまでも自己肯定的な「昼」の実存の思想の陰画であるような「夜」の実存の思想であった。文学は、以後、主体の統一性や優位性、主導性を危うくし犠牲にしつつ、主体以前のものである言語に「手を付ける」ことになったのである。

だが、忘れてはならないのは、このようにして確言されたラディカルな文学性が、一九五〇年代から六〇年代のフランスにおいて、フェルディナン・ド・ソシュールから始まる言語学、そしてそれに基礎づけられた、いわゆる構造主義の思考と出会い、ぶつかることである。構造主義とは言語の超越性の発見である。文学が、主体の夜を通して経験していた「言語の存在」を、言語学、文化人類学、精神分析――それにミシェル・フーコーの「アルケオロジー」も付け加えておくべきだろう――がそれぞれ独自な仕方で発見すると言ってもよい。文学と構造主義――その二つの極のあいだで、哲学的思考がエクリチュールとして「爆発」したのである。

一九世紀が「歴史」を「発明」したように、二〇世紀は「言語」[*]（langage）を「発見」した。そしてあらゆる発見がそうであるように、この「発見」もいささか常軌を逸した興奮をもたらさないわけではなかった。これはおそらく、「秘密」に属することなのだが、「言語に手を付ける」というこの侵犯、この暴力は同時に快楽をもたらすのだ。難解さは、同時に、快楽でもある。哲学はそこでとうとう快楽を知ってしまったのだ。

＊　フランス語では、「言語」に関する語としては、通常、①「langue」（フランス語というときの言語＝国語）、②「langage」（「言語活動」とも訳されるが、言語という働きそのもの）、③「parole」（実際に話され、使われる「言葉」）などがある。ここで「言語」と言われているものは②の「langage」に対応するものであることをお断りしておく。

法をかいくぐってパラレルに（Subrepticement parallèle）

——（2011.10）

今日、ここに、みなさんの前で、そしてなによりも、真理についてのもっとも進んだ言説、もっとも今日的な言説、それゆえもっとも鋭い、尖った言説へ全面的にささげられたこの場所、この殿堂のなかで、聴く者ではなく、語る者のポジションに自分が立っているということを感動をもって受けとめていることをまず申し上げます。わたしの感動は、ただコレージュ・ド・フランスというこの場所の特別の権威あるいはプレスティージによるだけではなく、むしろこの場所が、象徴的な意味で、わたしの知的なキャリアの出発点、というよりは出発の「線」を集約しているからなのです。こう言いながら、わたしはなにも、フランス政府給費生であったわたしが、その前もその後もけっして二度と感じることがなかったような熱狂をもってここに、つまりロラン・バルトやミシェル・フーコー、そしてレイモン・アロンやピエール・ブーレーズの講義に通っていた忘れ難い時代を思っているだけではありません。それらの講義は、たしかにわたしの精神の強固な核を形成することでわたしをつくってくれたのでしたが、それだけではないのです。

むしろわたしは、さらにその前、つまりわたしが東京大学に、しかも物理学を志して入学した直後、わたしが出会った大きなラディカルな知の不連続線、知の断層について考えているのです。この急激な変化をここでは簡単に、実存の時代から構造の時代へ、さらには、構造の解体あるいは脱構築の時代へと言いたいと思います。実存と構造そしてポスト構造の時代はどちらも明らかにフランスが起源でした。この変化は、まさに雷の一撃でした。しかもそれは、われわれを、ほぼ同時代に、において打ったのです。つまり、わたしは、若い時代に、パリ発の衝撃を受けて、その知の遺伝子組み換えの衝撃と痕跡を、一生かかって、担っていく世代に属しているのです。

ですから、みなさんに、ここで、時は一九七〇年、東京で、二〇歳になったばかりの学生が、あの有名な「誓ってもいい、そのとき人間は、波打ち際の砂の顔のように、あとかたもなく消えてしまうかもしれない」というフーコーの「神託」を前にして呆然としている光景を想像していただきたいのです。なにしろその一年前には、この学生は、「そのときぼくは二〇歳だった、これが人生のもっとも美しい年齢だなどとは誰にも言わせない」(ポール・ニザン)というフレーズを酔ったように朗唱していたのです。こうして少なくともわたしの記憶にとっては、この知の大きな変動は、一九七〇年というはっきりとした日付をもっているのですが、それはひとつには、この年が、ミシェル・フーコーの第一回目の日本訪問の年だということと関係があります。すなわち、フランス語を習ったばかりなのに二〇歳のわたしは、そのとき東京大学で行われたかれの講演も、東京日仏会館の講演も片隅で聴いていたのです。とりわけ、会館の講演は決定的で、というのもその三年後に、わたしはそのときのフーコーの講演の主題と同じマネの絵画をめぐって、フランス語で卒論を書くことになるからです。

しかし信じていただきたいのですが、わたしはここでわたしの人生について語ろうとしているのではないのです。そうではなくて、わたしは、この場で語るという特別な言語行為の場が与えられたとなると、わたしには、われわれの時代の新しい知がそこからはじまったとも言うべきこの知の星座、知の布置の限界、境界、つまり文字通り〈際〉について、四〇年後のいまから、問い直し、批判し直すことをしないわけにはいかないということをご理解いただきたいのです。それはノスタルジーや回顧の行為ではありません。そうではなくて、反対に、ある意味では、人間存在を、その実存的な優位性から転落させたとも言うべきこの知の新しいトポロジーを、われわれがすでに横断しきったのかそうでないのか、問い直すことは、今日の人文科学にとってますます急務であると思うからなのです。

もしわれわれがこれをすでに横断してしまっているのなら、では、ここでわれわれは、この認識論的地層の反対側の境界とはどのようなものなのか。人間のフィギュールないし場所はどうなっているのか。フーコーがあのように語った砂の上の人間の顔は、われわれの時代の砂浜の上に絶えず襲いかかる津波のような波によってすでにかき消されてしまっているのか。それともわれわれは、およそ半世紀も前に宣言されたその知の星座のうえに、つまり人間の消滅に運命づけられたあの危険な波打ち際にいまだにそのままいるというのか。つまり、今日、人間はどうなっているのか。同時に、言語はどうなっているのか。

というのも、フランスを中心に、六〇年代から七〇年代にかけて、知の地殻変動を引き起したのは、なによりも言語の発見だったからです。つまり、人間の本質に先立つものとしての言語の発見。人間が言語を決定するのではなく、言語が人間を決定する、ということ。まさしくコペルニクス的な革命であったのです。

もしそうならば、今日、この革命はどうなっているのか。一方では、今日、大学のあるいはそれ以外の知の制度において、人文科学そして人間の思考は、明らかに、衰退や弱体化の危機を被っているときにどうなっているのか。もちろん、乱暴なことは承知の上ですが、これこそ、今日、ここでわたしが、とりわけ歴史と言語の専門家でいらっしゃるロジェ・シャルティエ教授をはじめとする、コレージュ・ド・フランスの素晴らしい対話者たちに差し出す問いにほかなりません。

実際、シャルティエ教授は、ちょうど四年前のコレージュ・ド・フランスの開講講義で、わたしと同様にミシェル・フーコーを引用しながら、歴史の不連続性に問いかけたうえで、歴史家を必要とする理由について次のようにおっしゃっていました。「かれら歴史家は、つねに予言者としては哀れな存在だったが、ときには、現在というものが、沈殿した、あるいは絡み合った過去からできていることを思い出させることによって、同時代人を誘惑し、かつ怖れさせる新奇なものに対して明晰な診断をくだすことに貢献したのである」と。

そうなのです。わたしが今日、ここで投げかける問いとは、われわれの現在についての診断の問いです。わたしが先ほど来、喚起しようとしている知の不連続線とのかかわりで現在はどうなっているのか、ということです。ですから、この不連続線について、もう少し詳しく述べさせていただきます。

人間に対する言語の先行性ということをわたしは申し上げました。

そして、実際、それこそ、ミシェル・フーコーが、日本への旅から帰った直後、一九七〇年一二月二日、コレージュ・ド・フランスの開講講義で、すでに起こった現実としてではなく、かれ自身の欲望として、明確に語ったものなのです。条件法で書かれたその彼の声をここで引用しますが、それはまさに先ほど述べたシャルティエ教授の開講講義でも引用されていたところです。「わたしが語ろうとするときに、名前のないひとつの声がずっと前からわたしに先だっていたと気づくというようでありたいのです。そうならば、わたしはそのフレーズを言い継ぎ、追いかけ、誰にも気づかれないうちに、その隙間に住まうことができます。まるでその声が、一瞬、宙づりになって、わたしに合図を送ったというようになのです」。あるいは「言説がそこからはじまる存在であるかわりに、わたしは、むしろたまたま言説の展開に居合わせたもの、そのわずかな空隙、その消滅点ということになります」と。

すなわち、語る主体とは、ここでは、言説の連鎖のひとつの場にすぎないのです。フーコーのこの深い欲望は次のような表明に至ります。

わたしが望むのは、わたしのまわりにぐるっと静かで、深く、限りなく開かれた透明性のようなものが広がっていること、そこでは、わたしの期待に他の人々が答え、そしてそこから真理が、ひとつひとつ、立ち上がってくるような。わたしはその透明性のなかで、その透明性によって、まるで幸福なひとつの漂着物のように、運ばれているだけでいいということ。

——なんと美しい、パセティックなアダージョなのでしょう！

だが、われわれが忘れるべきでないのは、このパセティックな声に、実際は、もうひとつの声、制度の声が応答しているということ。この制度の声は、言説というのは、そういうものではなく、法に属するものであり、つまりは権力に属するものだと言明するのです。つまりここには対位法の構造がある。欲望の声と制度の声の対位法ですが、これこそフーコーのすべての思考を貫く原型的なマトリックスなのです。もちろん、ここではフーコーの思考の詳細な分析に入る余裕はありませんが少なくとも、次のことは指摘しておかなければなりません。つまり、フーコーははっきりとこれら二つの声が、「話される、あるいは書かれるというその物質的な現実性において言説がなんであるのか、ということに対する不安、つまり間違いなく消えていく運命にあるこの一時的な実存に対する不安」からやってくるのだと述べているのです。

つまり、消えていくよう運命づけられた実存をもっているのは言説なのです。そして語る主体は、この言説の空間のなかに、今度はみずからも消えていくことを欲望するというわけです。ここには、はっきりと実存から言語への転換の操作が言明されているように、わたしには思われます。

もしそうならば、わたしがいま、みなさんを前にして、仕上げようとしている問いとは、結局、世界の現状において、人間の実存と人間の言語とがどういう関係にあるのか、ということを再定義することに帰着するでしょう。

だが、この方向に進む前に、言語の先行性に関して、もうひとつの証言をみなさんに示すことをお許しいただきたいと思います。その証言も、まさに一九七〇年前後、ここコレージュ・ド・フランスからはじまったとも言える知の地殻変動のなかに書き込まれているものです。

つまりもうひとつ別の声ですが、それはこのように言っています。

> だが、言語は、それが存在するやいなや、結合と登録の能力に関する選択的な価値を飛躍的に増大させたにちがいありません。このような仮説のもとでは、言語の出現は、おそらく人間という種に特有の中枢神経システムの創発émergenceよりもはるかに先行していて、それこそがそのあらゆる可能性を利用するのに最適の変異体（ヴァリアント）の選択に決定的な仕方で貢献することができたかもしれません。換言すれば、人間が言語を創造したというより、言語こそが人間を創造したのです。

お分かりになったと思いますが、これはジャック・モノーです。一九六七年一一月三日、つまり世界的なベストセラーとなったあの『偶然と必然』刊行のちょうど三年前、ここコレージュ・ド・フランスの開講講義の一節です。ついでに述べておけば、『偶然と必然』の冒頭には、アルベール・カミュの『シジフォスの神話』の一節が掲げられていました。

こうして、人間の実存的な優位性、つまり内在的な仕方でみずからを構成し、みずからを基礎づける人間の優位性は、人文科学ばかりではなく、自然科学の言説によっても、疑問にふされ、揺り動かされ、否定されたのです。この知の断層、それをわたしは、「フーコー／モノー断層」と呼びたい気もいたします。

物理的世界と生命的世界との境界に位置する生命科学から出発して、モノーは、物理的な世界においては、「真の挑戦」とも言うべき生物がもっている二つの逆説的な特性について語っています。それが創発とテレオノミーです。

かれは言います。

創発とは、高度に複雑な秩序をもつ構造を再生産し、増やす特性、増大する複雑性の構造の進化的創造を可能にする特性です。

そしてテレオノミーとは、客観的な慎ましさによって、〈目的論〉という言葉を差し控えようとするときにつかう言葉なのです。にもかかわらず、すべてがあたかも生物は、個体の生存と、とりわけ種の保存というひとつの目的のために構造化され、組織され、条件づけられているかのようであるということです。

しかしながら、奇妙なことに、この最初の言葉〈創発〉は、『偶然と必然』のなかではきれいに消えてしまいます。それは、そこでは「再生産的不変性」(invariance) に取って替わられています。逆に、二番目の「テレオノミー」という言葉は、維持されているのです。創発という言葉が消えたのは、客観的な慎ましさからでしょうか、それとも主観的な慎重さからでしょうか? 分かりません。しかし、この言葉に対するモノーの躊躇は、わたしには、徴候的とまでは言わないでも、意味深いものとうつります。わたしの勝手な解釈は、モノーの明晰さをもってしても、この時代には、まだこの概念にその十全たる意味を与えることはできなかったのでは? というものです。実際、「再生産的不変性」に置き換えてしまえば、それは実は、またこっそりと、「法をくぐって」、ある種の目的論的な概念に戻ってしまうのではないか。つまり、再生産という概念は、すでにある種のテレオノミーを含意してしまっているのではないか、とわたしは思うのです。こうして、モノーは、法をくぐって、創発という概念の論理、いや、偶然という非論理の果てにまで行くことなく、目的論的な論理に譲歩したのではないか、と思うのです。

あえてこのようなことを申し上げるのは、実は、一九七〇年ではなく、今日、この二〇一一年において、われわれの世界は、ますます創発の様態において現れてきているように、わたしには思われるからです。「再生産的不変性」という意味ではなく、複雑性のある水準において新しいシステムがコントロールなく出現するという意味においてです。つまり、ある一個のシステム全体が、それが強くても弱くても、われわれの理性（つまり計算と判断）を超えたところで、予測しがたい仕方で、しかしただ比較的にはシンプルな相互作用の複雑化によって、突然、現れたり、消えたりする、ということです。そう、すべてが、あたかも、偶然のなかに、テレオノミー的必然があるかのように起こるということ。しかも特に言語のなかで、言語とともにそれが起こる。この二、三十年のあいだの情報テクノロジーの過激な発展（インターネット、ツィッター、フェースブックなどなど）を通して、われわれは、言語についてのまったく前代未聞の新しい時代に突入しつつあるように思えます。そこでは、無数のフレーズが、一瞬のあいだに、接続され、カットされ、そうしてヴァーチャルな雲（クラウド）を形成しているのです（それがひとつの国家の転覆のきっかけになったりもするわけですから）。

　一見すると、この状況は、まさにフーコーが欲望した状況のようにも思われます。すなわち、語る主体は主体を包む言語の空間のなかに消えて行くからです。しかし、よく考えると、わずかではあるが、重大なちがいが浮かびあがってきます。つまり、ここには、空間がないということです。フーコーが語ったような〈物質的な現実性〉がここにはない。そのことが、言説という領域（秩序）そのものを危うくしてしまいます。たしかに言説は存在し続ける。しかし、それはもはやフーコーをかくも脅かし不安にさせたその権力を行使することができないのです。

非物質的で不定形の雲のような言語の塊が、毎瞬間ごとに、何百万、いや、何十億もの言語操作を通じて構成され解体される。それはもはや法をかいくぐっています。法も制度も、同様に、実存も主体もそこに住みつくことはできないのです。ここには空間もないのだから、わたしはもはやそこに消えていくことを欲望することすらできないのです。消えて行くことを欲望することは、まだあまりにもロマン主義的な、つまり実存主義の究極の夢にあまりにも浸透されているのです。

〈わたし〉は存在しています。しかし無数のなかのひとつ以上でも以下でもなく、全体のなかの一個のニューロンやシナプスがそうであるように存在しているのです。別な言い方をすれば、内的に、また外的に、高度に複雑な組織を備えたものとして、〈わたし〉は、接続と接続解除の点滅の偶然にまかせて、〈ほとんど無〉であるような「実定性」poisitivte として、バナールに、愚かに、存在しているのです。この偶然は、わたしの実存を超えた別の水準において、まったく別の新しい組織の創発を生み出すこともできるかもしれません。だが、それが可能なのは、無数の相互作用から出発してであり、その相互作用の全体は限りなくわたしから逃れているのです。

こうして創発は、つねにわたしの射程の外にあります。それは、アクシデントとして起こる。いや、実際、よい創発と悪しき創発、クリエーションとアクシデント、革命と災いのあいだに厳密な区別はありません。われわれは、今日、つねにリスクに、緊急事態（emergency）にさらされています。われわれは、たとえばＩＭＦなり他の銀行なり、政治家なりの一言が、一瞬のうちに、地球全体にかかわる経済的な壊滅状態を引き起こしかねない時代を生きているのです。地球上のわれわれは、みな、日常的に、深い不安を感じて生きています。しかしこの不安は、フーコーが開講講義で言っていたあの不安と同じものではないのです。フーコーは言っていました、「イメージすることが難しい権力と危険の、しかし日常的で灰色のこうした動きに対する不安、ずっと以前から使われてすっかり角がとれたように思われるあの多くの言葉を通して、闘争、勝利、傷、支配、隷属がやってくるのではという不安」と。

闘争、勝利、支配、隷属――これらの言葉ははっきりとフーコーがまだどれほど権力を中心にして組織されたヘーゲル的な弁証法の航跡のなかにとどまっているかを示しています。それに対して、われわれの時代の不安は、むしろ知の意志、ということは、言説による論理的な、意味の構成の意志の無力の感覚から由来するように思われます。そして、同時に、われわれがこれまで考えていたような時間と空間とが消滅したという奇妙な感覚からも由来するように思えます。時間空間の経験は、ラディカルに変わりつつあるのではないでしょうか。空間を定義するのに、もはやかつてのようには距離という概念は有効ではないように思われます。同様に、時間もまたディジタルになり、そしてアナクロニックになっています。生き生きとした現在の優位性は弱体化し、持続は絶えず点滅を続けるスペキュレーションの基体にすぎないものになっています。

もちろん、少々誇張しすぎた口調で語っていることは重々、自覚しています。この非物質的で不定形の言語の雲はけっして、権力との共犯関係にあるアンシャン・レジームを廃棄したりはしません。それに取って替わるものではないのです。そうではなくて、それは、われわれの現実そしてわれわれの歴史に、法をかいくぐって寄生するもうひとつの平行システムです。奇妙なことに、そこには誰も、主体として、住みつくことなどできないにもかかわらず、人類という種は、この創発の極度に複雑なネットワークに全面的に包み込まれているのです。

ひとつだけ確かなことがあります。それは、これらのすべてが、人文科学に、そして人間の思考に、致命的とは言わないまでも重大な帰結をもたらすだろうということです。内在性に基礎づけられた普遍性という人文科学の古い信条(クレド)は、種としての人間という個ではなく、集団の人間性、場合によっては統計学的な実定性に基づく人間性にはうまく適応しないのかもしれないのです。そうだとすれば、われわれの時代は、人文科学に人間についての新しい考え方、みずからの責任の新しい様態、つまりはラディカルな創発を要求しているのかもしれないのです。もしそうだとすれば、そのような創発のマトリックスはどのようなものか？——これこそ、コレージュ・ド・フランスという「人間の言説」を守護してきたその聖なる場所への捧げもののように、わたしがここで提出したい問いなのです。

この「人間の言説」の守護者という言葉を言いながら、わたしの頭にはもうひとつの声が響いていました。話を終えるまえに、これまでの声よりももっと遠い声、しかしわたしに今日話したすべてのことの起源を思い出させ、そしてわたしを懐かしい輝きで満たしてくれるその声を引用することをおゆるし願います。その声もまた、ここで、そう、開講講義という場で響いていたものです。

哲学者とは、目覚め、そして語る人間です。沈黙のうちに哲学のパラドックスを抱えている人間なのです。というのも、完全に人間であるためには、ほんの少し人間以上、ほんの少し人間以下のものでなければならないからなのです。

モーリス・メルロ＝ポンティです。一九五二年の開講講義です。哲学者であれ、そうでないのであれ、この場所で、途絶えることなく、ひとは、人間について、人間の歴史について問うてきました。それは、コレージュ・ド・フランスというこの機構に、種としての人間が定め与えたその使命なのだとわたしは思うのです。

開講講義の仕来りに従って、この場所の、つまり人間の思考の先行者たちの言葉を取り上げてお話ししたわたしの無礼をおゆるしくださいますように。そうなのです。ただ一回限りのことなのに、そうだからこそ、わたしもまた、人間の思考に捧げられたこの空間のなかに、「法をかいくぐってわたし自身を滑りこませる」ことを望んだのです。ひとつの異邦の声、他の声として。

第Ⅱ部　身体・空間・歴史――ロラン・バルトとミシェル・フーコー

外へ、限界を開く

はじめに二つの日付を記しておく。

一九八〇年三月二六日　ロラン・バルトの死（六四歳）
一九八四年六月二五日　ミシェル・フーコーの死（五七歳）

本セクションでは、わたしの「現代フランス哲学」漂流の最初の〈寄港地＝星〉であった二人の仕事へのアプローチを振り返るのだが、この二人、とりわけバルトについては、これまでも多くの論稿を書いており、しかも多くはすでに拙著単行本に収められている。それ故、本書では、編集委員のひとりであった『ミシェル・フーコー思考集成』【📖2】のために書いた解説論文を中心にして、フーコーに重点を置いた構成になっている。

しかし、死の日付とともに並べられたこの二つの固有名を見ていると、そこになにか共通の質のようなものが浮かびあがってくるのを感じないわけにはいかない。ふたりとも、別な仕方ではあるが、「構造」という理念に根ざした方法を徹底的に、その限界を破るまでに踏査したということもあるが、同時に、どちらもコレージュ・ド・フランスの教授であり、しかも二人とも六〇年代から七〇年代という時代の決定的な転換期に、来日して日本の知的環境にきわめて大きな刺激を与えた。さらに、それを契機にして、それぞれが日本の文化を愛したのでもあった(バルトは日本論である『表徴の帝国』を書き、フーコーは二回目の滞在は一カ月にも及び参禅なども経験している)。

ロラン・バルト、愛の専門家

本書収録の論稿でも述べているように、わたしはフーコーの二回の来日に際しては、講演会などの聴衆としてその姿を見ている(二回目は質問もしている)が、バルトの来日時(一九六六年五月)は高校生で、バルトという存在すら知ってはいなかった。

また後に一九七八年にフランスに留学した機会に、両者のコレージュ・ド・フランスの講義は何度か受講している。どちらも大きな教室に入りきれないほどの若者が詰めかけ、演壇の上にまでびっしりと座り込み、録音機を差し出していた(なおコレージュ・ド・フランスの講義は誰でも無料で受講できる)。入りきれない人は別室で同時中継のスクリーンを見ていて、どちらも何百人という人が押し掛けていたのではないだろうか。わたし自身の経験としては、あとにも先にも、「知」に対するあれほどの熱狂を見たことはない。ただ、わたし自身は、あまりにも〈スター〉化してしまった二人の講義を追うよりは、わたしが帰属していたパリ第一〇大学ナンテール・テクスト記号論学科の授業と、パリ第八大学ヴァンセーヌのリオタールの講義、そしてパリ高等師範学校のデリダの講義に自分の「熱狂」を集中させるので精一杯であった。

それもあってか、一九八〇年ソルボンヌ大学近くのエコール通りで、バルトが交通事故にあって亡くなったときにも、わたしの反応は鈍かったと思う。安アパルトマンでテレビもないような生活をしていて情報がほとんど入って来なかったこともあるのかもしれないが、葬儀などにも特別に関心を抱かなかった。

そのバルトがわたしに戻っ
て来たのが、二〇〇三年の晩秋であった。国立ジョルジュ・ポンピドゥー芸術文化センター所蔵のロラン・バルト自身によるデッサン展が、東京大学教養学部の美術博物館と京都大学総合博物館で開催され、わたしが東大の展覧会の実行責任者になったからだ。展覧会のタイトルは、「色の音楽・手の幸福――ロラン・バルトのデッサン展」であった。この展覧会には、東京日仏学院・関西日仏学館発行で七〇頁もある立派なカタログがつくられた。その冒頭にわたしが寄せた文章が、わたしなりのバルト紹介の要約になっているので、その一部をここに引用しておこう。

一九六〇年代から七〇年代にかけて、フランスで起こった新しい知の形の爆発に多少なりとも関心を抱いた人間にとっては、ロラン・バルトという名前は、独特な不思議な響きを放っている。言うまでもなく、最初、その名前は、いわゆる構造主義的な記号学という新しい文化分析の方法と密接に結びついていた。構造によって意味が決定されるということの時代の思考を、ある意味では、かれは徹底してつきつめ、それを文化事象の全体にまで適用したのであって、バルトによってこそ、われわれは、演劇や文学の傑作と同じ資格で、広告写真、プロレス、料理、政治的スローガン、恋愛までもが、学問的な分析の対象となりうることを知った。それは、まことに新鮮な驚きだった。意味は、個人的な意味づけを超えて、社会的空間のなかで、構造的に、非人称的に、決定されており、その決定システムそのものをわれわれは研究し批判できるという、まさに新しい知の時代がはじまった衝撃であったのだ。

だが、同時に、そのような批判＝分析が、それだけでは、それほど遠いところまで達しないということが明らかになるのに、そう長い時間はかからなかった。そして、それと同時に、鋭利な意味の分析家としてのバルトとは異なるもうひとつのバルトの像がわれわれにも見えてきた。それは、一言で言ってしまえば、けっして構造やシステムに還元できないようなディテール——『明るい部屋』の言葉を借りて言うなら突き刺すようなプンクトゥム punctum——を感受し、愛するバルトである、〈読む〉以上にむしろ〈書く〉、いや、少なくとも〈書こうとする〉バルトである。

構造やシステムというもっとも形式的で理性的な意味の極限において、それを超えて繊細な感受性が溢れ出し、もはやたんに〈意味〉なのでも〈無意味〉なのでもない〈タッチ（触知）〉の生成が実践される――まさしく、それこそ、ロラン・バルトの、ほかに比類のない、尽きせぬ魅力だったとわたしは思う。

バルトほど、触れること、触れられることを欲望していた人はいない。そして触れることはいつでも同時に、危険で、抑圧され、排除されるが故に、またバルトほど、すべてから遠ざけられて孤独であった人もいない。その真正な孤独のなかで、かれは書き、描き、そしてときたまピアノを弾いたのだ。

ロラン・バルトという名とともにわれわれにもたらされた新しい知は、もはやすべて吸収され、われわれの学問的な方法の一部と化している。記号学や構造主義が、それ自体として脚光を浴びるという時代ではもはやない。だが、それ故にこそ、いまこそ、孤独な、真正の作家であったロラン・バルトの多様なエクリチュールの全貌に、あるいはかれが書いたもの以上に価値があるのかもしれない（というのも、かれは最晩年のテクストのひとつ「パリの夜」で『私は私の書くことよりもつねに価値がある』と言っているのだから）かれ自身の存在の全体的なありようにあらたに問いかけるべきときであるのだ。　【📖3】

なお、この展覧会にあわせて二〇〇四年二月に東京日仏会館で高橋睦郎・浅田彰両氏と「ロラ

ン・バルト、アーティストとして」と題して鼎談を行った。その記録より、わたしの発言を三点抜き出しておく。

——(「快楽の場」) ご覧になるとわかるように、彼のデッサンも小さなタッチがいっぱいある。一個一個がどうだというのではなく、タッチがいっぱい集まったところではじめて、なにか手法の場がひらかれる。そういう構造になっているんですね。線といってもいいし、プンクトゥムといってもいいし、一個一個はほんのわずかな、とるにたらないものなんだけど、それがよせ集まっていくことによって、ひとつの場がひらかれる仕事をしていたと思います。

ピアノもたぶんそうだったと思います。シューマンがどうしていいかというと、シューマンというのは「弾かないとよさがわからない」、そういうふうにバルトは書いています。弾いてみてはじめて、つまり、実際に弾いて、ひとつひとつの音のタッチを自分が手で触ってなぞっていくという立場になって、はじめてその音楽のよさがわかる。ただ聴いていて、わあ、素晴らしいシューマンの音楽ねとはならない。外から聴いているだけではシューマンのよさはわからないよと。下手でもなんでも自分で弾くということ。触れながら音を出していく。そうすると、そこに音の場がだんだんひらかれてくる。

また、夜になると男の人を求めて——彼はゲイでしたから——一緒に食事をする人を求めて探しまわる、そういうような夜のアバンチュールを書いた『偶景』という本があります。そういうこともひょっとしたら、おなじようなことだったのではないか。

ですから、この絵から触発されてバルトという人を見ていくひとつの見方ということでいうと、私のなかには、それじたいはひとつの線、ひとつのタッチ、ひとつのほんのわずかな言葉、ひとつのフレーズ、ひとつの音のつながり、そういうものを、しかし、ある仕方で集めてくることによって、バルト流にいえば「快楽の場」みたいなものがひらかれる。そういうことを徹底してやった人だと思うんですね。

そうすると、彼のデッサンと彼の仕事は、こっち側にバルトの記号学の仕事があって、余暇でデッサンをやったんだというふうに見てはいけない。こっち側に本当の仕事があって、合間にちょっと日曜画家みたいに絵を描きましたというのではなくて。彼にとっては全部がおなじようなものだった。ピアノもデッサンも何もかも。そういう目で見ると、バルトというのは相当、不思議な人です。そうめったにはいない人だというふうに思えてくる。

この不思議さとはなにか。この不思議さの中心にあるのは、「俺はこうやって生きる」みたいな強い意味の形成がない。むしろ弱い意味の場がある。その弱さを徹底した人だというふうに見えてくると、バルトのデッサンはいいなあという気がしてきて、ちょっと、じんとするわけですね。

――**(嘘について)** 彼は小説を書けない。コレージュ・ド・フランスで『小説の準備』という講義を一生懸命やるわけですね。最後の二、三年は、ともかく大小説が書ければいいと思いつめてるわけでしょう。だけど、ある時に、講義のなかで白状しちゃうんだけど、小説を書けないのは技法の問題ではないんだと、私は嘘がつけないから書けないんだということがわかるわけですね。嘘をつけない。たしかに、ロラン・バルトという人は嘘がつけなかった。嘘という概念がなかった。それはすごく大事なことで、つまり、単に小説が嘘っぱちだからということではないんです。単に小説は虚構だから嘘がつけないと小説が書けないということではなくて、嘘っていうのは、本当のことでありながら本当じゃないことを言うわけですね。つまり、本当と本当じゃないという二分の対立があるわけですよ。それはほとんど、禁止と同じ構造をしている。つまり、私はこれを食べたいんだけど食べちゃいけないと言われる。私はこれを好きなんだけど好きだと言ってはいけない、好きという行為に走ってはならない。つまり、私の持っている自然な好きだとか嫌いだとかいうところに、嘘が入るわけですね。好きだけど好きだって言っちゃいけない。だから、嘘をつけないんだってバルトが最後に言うのは、自分で自分を最後に見切ったことだと思うんですね。

バルトの書いたものの一番根底にあるのは、好きか嫌いかです。『彼自身によるロラン・バルト』にたくさん出てきますよね。自分が好きなもの、嫌いなものって並べているわけですね。彼の、さっきから言っているトリヴィアルなものというのは、必ず系列をなしていて、自分が好きなもの、たとえば、サラダ、シャンパン、万年筆、なんとかって、好き嫌いのセリーが続く。好き嫌いの二元論というのは、自分の感覚につながってることなんですけど、たぶん、法とか禁止とかっていう要素はその好き嫌いのところに、お前はこれは好きだと言ってはいけない、手を出してはならない、そういう法を課すと思う。つまり、嘘をつくわけです。

ロラン・バルトという人は、結局、誰からも嘘のつき方を教わらなかった。だから彼は、逆に言えば、すごい壮大な嘘をつきたい、すごい小説を書きたい。なぜならば、嘘だけが全体を保証してくれるから。だって、全体なんて嘘に決まってるんだから。その嘘を手に入れたくて、彼は小説を書きたいんだけど、彼にどうしても小説を書きたいと思わせる、その根底にあることが逆に彼に小説を書くことを妨げている。ダブルバインドに聞こえてしまいますが、それを、でも、ほんとに見事に生きたんですよ。

――**（記号のユートピア）**たぶん、記号があった時に、その記号の場所に意味の充実があるのではなくて、それが空虚な穴になっている感覚。それは、われわれ日本人が記号を記号として読み解けちゃうときにはなかなかつかみきれない感覚であると思います。それを直観的に彼はつかまえる。もちろん、それはユートピアという意味もあるんだけど、でも同時に、記号を意味ではなくて空虚として見つめるまなざしが、すごくなまなましくある。なかなかわれわれは理解できないけれども。

『彼自身によるロラン・バルト』のなかに、朝になってパン屋の女主人と会話するときに「今日はとっても光がきれいで」というような言い方は、じつは社会的な意味をもう持ってしまうと彼は書いています。つまり、「今日はとっても光がきれいで」という言い方をするということは、詩人であったりね、ある階級を必ず示してしまう。だから、どんなにそれじたいはトリヴィアルで意味がなさそうに見えても、記号というものには必ず社会の意味がどんどんつきまとってしまう。そこからいかに逃げだすか。どうやって「今日はとっても光がきれいで」というなにもない言説を、なにもないままにコミュニケーションできるか。それが彼にとって、ある種のまさにユートピアというか理想ですよね。

たぶん、ここにあるデッサンもそういう試みにむかう、ユートピアへのひとつの道のりと考えると、少し見えてくるものがある。そうなると、上手いとか下手とかっていうのは、なにかこちらにある意味がもう出来上がってるということを示すわけですね、当然。ある絵画の基準を持っているから、それと照らして、この絵は下手だとか、上手いとかなんだとか、われわれは常に判断する。でも、それはもう記号に意味をつけている。ひょっとしたら、あれはなんの意味もないトリヴィアルなものですなんて言っても、もう意味がついている。こんなところでそんなこと偉そうに言っててもいいのかみたいな。でも、彼が目指した夢みたいなものというのは、それでもなおかつ、そこに記号があることだと思うんです、逆に。記号がなにもなくなっちゃえばいいわけじゃなくて、ほんのわずかだけど、でも、それによって心が揺さぶられたり、反響したり、音が立ちのぼるような、なにか感覚の世界が立ちのぼってくるものがある。ただ、

――それが意味に回収されることをなんとかしてかわしたいみたいな……。【📖4】

このように、バルトに対して、わたしは究極的に、「記号学」（この言葉もフランス語では、Sémiologie であったり、また Sémiotique であったりする。わたしが留学したナンテールの学科名は Sémiotique であった）の理論的創始者としての像の奥に、もうひとつの「孤独な愛」を生きる一個の身体を触知しようとしたのだと思う。極言してしまえば、バルトは、わたしにとっては、「表象」（記号／文字／イメージ）という次元を通して、しかしあくまでも「不可能な愛」を求めつづけた孤独な〈書く人〉なのであった。

だからこそ、たとえば一九九三年だが、ルイ＝ジャン・カルヴェの『ロラン・バルト伝』の翻訳が刊行されたときの書評で、次のようないささか厳しい〈批評〉を書かないわけにはいかなかった。

書評ルイ＝ジャン・カルヴェ『ロラン・バルト伝』――(1993.10)

伝記は難しい。それが個人の人生のさまざまな事実と要素とを年代的に記述することで足りるのなら、どんなにか簡単だろう。だが、誰もが知っているように一人の人間の生というものは、かれがなしたこと、言ったことに尽きるわけではない。

むしろ生の大部分は、本人にはっきりと意識されてもいない水面下の巨大な塊のようなものによって占められている。どんな人生も一個の不思議な謎なのであって、その謎はどれほど事実を寄せ集めても、それだけでは解けるとは限らないのだ。

しかし、それとは逆に、あるほんの些細な事柄が、そうした生の計りしれない深さを照らし出すこともある。わずかな部分が、全体以上にその人間の真理を明かすことがあって、それこそが愛の経験というものなのだ。

そういうことをロラン・バルトほど熟知していた人間はいない。実際、死後十数年たった今日のわれわれには、記号学者や批評家、あるいは構造主義者であったかれの姿は色褪せて、むしろほかには類のない独特な愛の専門家であったかれの姿が際立って見えてくる。

母親への愛そして同性愛——その二つを焦点とする楕円のような愛の構造のなかに、かれもテクストもかれの行為も繊細に組織されているのであって、そのようなかれが、招来のありうべき伝記作者に望んだことは、ただ、それが途方もない愛とともに書かれることだけだったはずである。

その意味では、この本は、ある種の知的な誠実さに貫かれてはいるのだが、しかしけっしてバルトへの愛に随伴していないように思われた。多くの興味深い伝記的事実を教えてはくれるが、しかしバルトの声はどこからも聞えてこない。かれが生きた状況は分かるが、しかしかならずしもバルトの肉体も魂もそこにはない。むしろかれの生の謎、愛の謎はいっそう深まるのであって、それが、あるいはこの本の最大の効能かもしれない。

【📖5】

「愛の専門家」ロラン・バルト。

そしてそれゆえ、われわれもまたバルトを愛さずにはいられない。だから、バルトへのわたしの「愛」を言明する書評テクストをここに掲げよう。

書評ロラン・バルト『言語のざわめき』　――(1987.7)

ロラン・バルトの言葉には秘密がある。彼の批評の言葉はどれもある秘密の仕草から紡ぎ出されているように思われる。とはいえ、この仕草は、「おはよう」という挨拶のようにあまりにも簡単で、あまりにも平明なので、かえって誰もそれを察知することができず、真似をすることもできない、そのような明るい秘密なのである。つまり、言語にむかって微笑むという単純な身振りが、その秘密の中心なのだ。

言語にむかって微笑む――だが、これは驚くべきことではないか。いったい、ロラン・バルト以外の誰がわれわれに、言語にむかって微笑むなどということを教えてくれただろうか。作家の、詩人の言葉は息詰まるような緊張に満ちている。学者の論文はやわらかな息づかいのすべてを排除してしまっている。そして、われわれの日常の言葉は、つねに言葉以外のものにむかってしか作用しはしない。とすれば、確かに《批評》という場処だけが、唯一、言語にむかって微笑むことを可能にしてくれる場処なのである。そのことを、「言語のざわめき」というタイトルのもとに集められたこの二篇の批評ははっきりと納得させてくれるのである。

時代的には一九六六年から七六年にかけての様々な機会に応じて書かれたこれらのテクストは、確かに一般的に言語をめぐる諸問題の考察をその主題としている。読書についての論文があり、文化と言語のかかわり、歴史と言語の関係についての幾つかの論評がある。そして、またバンヴェニスト、クリステヴァ、ヤーコブソンなど同時代の言語研究家に対する親密な頌文もある。だが、それらの多様な主題に対するバルトの的確な分析、興味深いアプローチと論理展開もさることながら、とりわけ——あの感動的な「明るい部屋」におけるバルト自身の言い方を借りるならば——ロラン・バルトがすでに死んでいる（彼は一九八〇年に亡くなっている）ことを知っているわれわれには、なによりもこれらのテクストを通じて一貫した一つの身振り、何気ない一つの微笑みが鮮やかに浮びあがってくることに打たれるのである。この微笑みは、ひとが木や風や泉にそうすることがあるように、《言語のざわめき》に対して、その《意味の音楽》に対して微笑んでいる。言葉の遠いユートピアに対して、言葉のほとんど官能的な幸福に対して微笑んでいる。それは、写真のうえの死者の微笑みのように遠く、美しく、静かである。そして、それ故にこそ、バルトがバンヴェニストについて語っていたのと同じく、われわれは他の批評家の書物も読むが、しかしわれわれが愛するのは、ロラン・バルトなのである。

【📖6】

しかし当然のことながら、この「愛」は、わたしが書いたバルト論のひとつである「《ミラノーレッチェ》」の副題（「愛は失敗する」）が言うように、かならず失敗する。そしてその「失敗する愛」をこそ、わたしは愛したのだと思う。

「《ミラノーレッチェ》」もそこに含まれるが、すでに拙著に収録されているわたしのバルト論のリストを、初出の年代とともに、ここに掲げておく。「ロラン・バルトの部屋」（一九八五年【📖7】）、「ロラン・バルト、その不在への変奏」（一九八五年【📖8】）、「《ミラノーレッチェ》――愛は失敗する」（一九九三年【📖9】）、「手――ロラン・バルトの〈不器用さ〉」（二〇〇三年【📖10】）、「味気なさ――ロラン・バルト『中国旅行ノート』」（二〇一一年【📖11】）。

なお、拙著単行本ではないが、一九八七年刊行の中公新書『外国人による日本論の名著』【📖12】において、わたしは、ロラン・バルト『表徴の帝国』を論じるエッセイ、バルトの親友でもあり、わたし自身が東京大学で「最後の学生のひとりとして」教えを受けたモーリス・パンゲの『自死の日本史』を論じるエッセイを寄せていることを付け加えておこう。

＊

ミシェル・フーコー、最後の知識人

そして、ミシェル・フーコー。こちらもまずは、一九八四年のフーコーの死の直後にわたしが書いた短いテクストを引用しておこうか。これはいわゆる「追悼文」ではなく、朝日新聞の「海外ブックマップ」というコラムのために書いた、フーコーの二冊の新作についてのコメントなのだが、必然的に追悼の思いはこめられていた。わたしがつけたわけではないが、タイトルは「知識人フーコーの死」となっていた。

知識人フーコーの死

——(1984.7)

生み出されたばかりの書物が、不意に、作者の肉声の親密さを失い、言説のあのほとんど無名の、よそよそしい空間へと連れ去られてしまう——そのような経験にわれわれは立ち会わなければならなかった。ミシェル・フーコーの突然の死は、同時に出版されたばかりの二冊の新作(『快楽への慣用』『自己への配慮』)を、一挙に、言説の考古学的な空間すなわち歴史の空間へと召喚してしまったように思われる。

だが、フーコーの死は、ただ単に彼のテクストを突然に一群のアルシーヴ（文書）に変えてしまったというだけではない。それは、さらにひとつの時代の弔鐘のように響き渡っている。ひとつの時代。とりあえず、それを言語への問いと歴史への問いとの二重の問いによって標識付けることが可能だとすれば、その二つの問いが交錯する領域に思考の照準を合わせ続けたのがフーコーであったと言えるだろう。

知、権力あるいは性の歴史的な本質を問い続けて、フーコーはそのよそよそしい言説の空間を歩いてきた。八年間の沈黙と永遠の沈黙のあいだに挟まれた今度の二冊の新作においては、彼の思考はついにギリシャ・ローマにさかのぼり、そして倫理の問題に行き着くだろう。

もしわれわれにとってのもっとも切迫した問いが、認識と倫理（実践）のあいだの越え難い深淵をどのように渡るのかということであるとすれば、フーコーもまた彼なりの仕方でそれに答えようとしているのだ。しかし、死によって中断された彼の思考の最後の局面にとどまる限り、彼がもたらそうとした答えは、ある意味では古典的な《知の倫理》であったように思われる。実際、最新のインタビューでは、彼はみずからを積極的に《知識人》として規定するだろう。

はたしてミシェル・フーコーは《最後の知識人》だったというわけだろうか。確かに、ひとつの時代が終わろうとしている。だが、そう思われているようには、われわれは新しい時代を生きているわけではないのだ。何かが終わり、しかし来るべきものはまだ到来していない。そ

――のような時代の懸崖にわれわれが位置していることを、フーコーの死は、墜ちていく星のような光で、照らし出している。【📖13】

バルトに比べれば、本書収録の「アルケーとしての分割――分割線上のフーコー（1）」で述べているように、かれの二度の来日のどちらにも講演会の聴衆のなかにいて、その姿を目にしており、わたし自身の卒業論文なども明らかにその講演会に影響されて発想しているのだから、知的な「漂流」の出発点を、わたしはフーコーに負っていると言ってよい。極言するなら、わたしの知的な精神は、友人たちとの読書会を通じて、どちらも数百頁の大部であるが、メルロ＝ポンティの『知覚の現象学』そしてフーコーの『言葉と物』を原書で読むことによって形成されたのだ。

つまり、わたしにとってのフーコーはなによりも六〇年代のフーコーであった。第二回の来日のときの遭遇で「権力と空間」について質問したことを覚えているので七〇年代前半のフーコーももちろんきちんと追ってはいたが、この「知識人の死」のテクストがはっきりと物語っているように、それ以後のフーコーの歩みについては、いまひとつ追いきれていなかったし、むしろとまどいを感じていたのだと思う。

だが、――バルトの場合と同じだが――フーコーもまた、わたしに、戻って来た。しかも同じように東京大学の駒場キャンパスを舞台として。すなわち、そこで、一九九一年一一月はじめ、三日間にわたって国際シンポジウム「フーコーの世紀」が開かれたのだった。

その四年前に、駒場の大学院総合文化研究科・教養学部に「表象文化論」という新学科が設立された。「表象」というまさにフーコーの『言葉と物』が提起した言葉を取り入れた学科名であったわけで、それならば「名付け親」とも言うべきミシェル・フーコーに国際シンポジウムを捧げようと、渡邊守章・蓮實重彦両先生が中心となって、海外からも一一名の参加者を招いて「フーコーを読む」Lire Foucault という知的な「祝祭」が行われた。パリの「フーコー・センター」からはフランソワ・エヴァルド、ダニエル・ドゥフェールも来てくれたし、カリフォルニア大学バークレーからはハーバート・L・ドレイファス、ポール・ラビノ、リュブリアナ大学からはスラヴォイ・ジジェク、ウェールズ大学からはクリストファー・ノリス等々、さらにはフーコーの伝記を書いているディディエ・エリボンも来日し参加してくれていた。

後日、シンポジウムの雰囲気を、わたしが「報告」として書いた記事があるので、その一部をここに引用しておく。それぞれの参加者がみずからの《フーコーを読む》ことに向かって冒険する場であったことを述べたあとで、次のようにわたしは言った。

特徴的であったのは、この読むことの空間が、広く、大きく、ゆるやかなものとして立ち現れたことである。そこでは、フーコーは、ハイデガーをはじめとして、チョムスキー、ラカン、ベンヤミン、バタイユといった固有名詞が作り出す大きな布置ないし星座のなかで読まれはじめようとしていた。これまで多くの読解が準拠していたドゥルーズやデリダといった同時代的

な配置のなかでの対立構図や、ニーチェというフーコーにとっての絶対的基軸に沿った読解の範囲を超えた大きな図柄のなかであらためてフーコーを読むことが試みられたように思われる。それは、ある意味では、フーコーがすでにわれわれにとっての《古典》になっているということであったかもしれない。だが、同時に、――それこそまさに《古典》の役目なのだと言ってしまえばそれまでなのだが――そこで行われた読みの冒険は、すべてその対角線上に現在のアクチュアリティに対する強い関心を保持していた。言わば、そこではフーコーは、あくまでもわれわれの現実に拮抗し、対決するものとして召喚されていたのである。フーコーとハイデガーの突き合わせが、このシンポジウムのひとつの焦点であったとすれば、それはあくまでも《ハイデガー問題》というきわめてアクチュアルなコンテクストにおいてであった。そして、そうしたアクチュアリティーは、動乱が続くユーゴスラビアから駈けつけてくれたスラヴォイ・ジジェクの発言によって、一層の切迫感をともなってすべての参加者に共有されたのである。【📖14】

このときわたし自身は、裏方のロジスティックの責任者で発表はできなかったのだが、その後、シンポジウムの記録（『ミシェル・フーコーの世紀』）が出版されたときには、遅ればせながら論を寄稿した。それを含んで、既刊拙著に収録されているわたしのフーコー論は以下の通りである。「無の眼差しと光り輝く身体――フーコーのインファンス」（一九九三年【📖15】）、「盲目の眼差し

――フーコーの『マネ論』」（二〇〇三年【📖16】。初出タイトルは「フーコーのマネ論――無の眼差しと盲目の眼差し」）、「空虚――ミシェル・フーコー『マネ論』」（二〇〇六年【📖17】）。

このように、わたしは、フーコーとの最初の「遭遇」（ただ講演を聞いただけだが）に決定的にマークされてしまったということになるか。そのくらい最初の出会いは、精神に強い刻印を残すのか、そのマネ論にずっと挑みつづけてきたと言うべきか。

だが、あえて言わせてもらえば、そのマネ論を通して、わたし自身は一貫してまさにフーコーの眼差し、いや、フーコーの身体をこそ問題にしようとしてきた。これは、フーコーに限らず、バルトについてもそうだったが、それぞれの精神が生み出す思考の冒険以上に、わたしにとっては、それぞれの人間が生きるその特異な「身体」のあり方にこそ、関心があったのだと思う。

そう思えば、バルトもフーコーもどちらも同性愛者であり、そこには、たぶんわたしの知らない秘密の身体があったのかもしれないとも思う。それは、わたしにはけっしてわからない、触れられない「秘密の身体」であった。その「秘密」に、わたしは触れてみたかったのかもしれない。

だから、これは、いまの時点から振り返ってはじめて言えることなのかもしれないが、メルロ＝ポンティの「身体の哲学」から出発したわたしの精神形成は、その次の段階で、そのような自然な身体とは異なる、もうひとつの身体、「外」の身体、あるいはわたし自身のフーコー論の言葉を用いるのなら「無の身体」の謎に向かい合おうとしていたのかもしれない。

だが、フーコーの場合は、それだけでは終わらなかった。バルトとは異なって、フーコーは、さらにもう一度、わたしに戻ってきた。

それは、東大駒場のシンポジウムにも参加していたダニエル・ドゥフェール／フランソワ・エヴァルド編によるフーコーの単行本未収録原稿や発言を網羅的に集めた『Dits et Ecrits 1954-1988』（言われたこと／書かれたこと）が一九九四年にフランスで出版され、その日本語版となる『ミシェル・フーコー思考集成』の編者を、同僚である松浦寿輝・石田英敬両氏とともに、担当することになったからだ。これは、わたしにはあらためてフーコーの思想に迫るいい機会となった。とりわけ、編者の責任分担で、六〇年代を引き受けさせてもらったことによって、若いときにわたしが強い影響を受けた六〇年代フーコーの思想を集中的に批評することができた。

『ミシェル・フーコー思考集成』の刊行を記念して、雑誌『現代思想』一九九七年三月号のために、編者三人の鼎談が行われた。わたしは、そこでも一貫してフーコーの「身体」にこだわっている。また、フーコー思想の転換点とも言うべき『知の考古学』についても述べていたりするので、「フーコーからフーコーへ」と題されたこの鼎談記録からわたしの発言の一部を抜き出しておきたい（なお、雑誌『ちくま』一九九八年一二号でも石田英敬氏とフーコーをめぐって対談を行っている）。

――（イナクチュエル）イナクチュエルというのはつまり、ミシェル・フーコーという人はつねにアクチュエルなふうに入ってきて、わたし自身もそのように受けとめてきたような気がするんですけれども、いまこのアルシーヴの中にあるさまざまな言葉というか、これは本来の意味でテクストではなく、巨大なディスクール、いやディスコースという言葉で言ったほうがいいようなもので、メディア的状況に全身をさらけ出してしまった、そういう言説の営みのあり方の痕跡なんだと思うんですけれども、この部分の中になにか、つねにアクチュエルであったミシェル・フーコーのイナクチュエルなものが見えてこないか。（……）この本は、フーコーが何気なく、ほとんど武装しないで、みずから作品化する意志をもたずに見せてしまった知性のきらめきみたいなものが、そこらじゅうにキラキラとあるわけですね。だからこれをフーコーという固有名詞を冠する一つの作品へと作品化する方向に読むんじゃなくて、むしろそのきらめきを、ミシェル・フーコーという固有名に収斂させないような方向で読むことがいいのではないか。

——（**『知の考古学』について**）この前、パリでドゥフェールさんと話したときにも、フーコーがチュニジアに行ってことによって、いかに『知の考古学』が変貌したかということを語ってくれてとても感動したのですが、『言葉と物』の執筆が終わった直後、あの有名な「人間は砂の顔のように消えてしまうだろう」と書いたその終わりからまるで休みなくダイレクトに、彼は『知の考古学』を書きはじめている。その第一稿、ほとんどまったく書き損じなしに一気に書いてしまった原稿をもってチュニジアに行ったところで大きな組み換えが起こって、それが第二稿、つまりいまある形になったんだ、そういう話をちょっとしてくれて、それは非常に衝撃的でした。

わたしには、『知の考古学』というのは、例のエコール・ノルマルのエピステモロジー・サークルの方法論についての問いかけに答えることから出発して、自分の方法論を固める必要があって、いわば外的理由から構想されたんじゃないかという印象をもっていたんですけれども、そうじゃなくて、『言葉の物』のいちばん最後の段階からそういう本に向けて、連続的に一気に突き進んでいったのだ、ということを聞いて、そのダイナミズムに圧倒されるように感動したんですけれど、同時に、一気にできあがったその第一稿は、作品化された非常にきれいな原稿なんだそうで、まったく少しも書き損じはないと言ってましたが、そのようにきれいな作品化されたものを、チュニジアに行って、チュニジアの図書館でさまざまな本に出会うことによって一挙に組み替えてしまった。だから一応きれいにできあがった作品をもう一回、まさに石田さんが言ったように、国境を超えて別の文化圏に接することで組み変えるだけの力をもっているというこのしなやかな強靭さに、非常に感動したんですね。そういう意味ではブラジルも……日本もその中の一つであったことは間違いないので、一つのラングの中にじっと閉じこもって、そのラングの中で思想を紡いでつくっていくのとはまったく違う思想の身体をフーコーは生きた。

——（フーコーの肉体）たとえば『知の考古学』の最後に絵画の話なんかが出てきますけども、その時代だよね、マネに非常に関心をもっていたのは。それは、この前、ドゥフェールさん自身がわれわれのシンポジウムでそのことについてしゃべっていましたけれども、マネ論である一冊の美しい本ができる予定だった。しかも日本にきて、マネについての講演をしたわけで、わたしはそれを聴いていますから、それだけはここに入っていないのはとても残念ですけども、そういうまだ知られていないフーコー、たんに思想的なだけでもなく、たんに哲学的なだけでもない、さまざまな境界線を横切っていく中で、それを自分の身体の中に取り込んでくる一種のポエジーみたいなもの、こういうもののほうが、少なくとも今の時代にははるかにキラキラッと見えるというかな。それがあるでしょうね。ミシェル・フーコーの肉体がふっと見えるような気がする。こういうものを丹念に読んでいくときの大きな喜び、こちらにとってのね。

——（文体）ある意味で知性というのはどうしてもどこかで身体をかいくぐっていかなくちゃいけなくて、知性が自分の身体をある状況の中にぶつけたときに、一瞬のうちになにか一つの詩みたいなものが立ちのぼるというのかな、その場合、フーコーはそれが非常に速いと思うんです。フーコーは一方では文体が非常になめらかで、襞がたくさんあって、生なものを包み込んでいくような文体になっていると思うんですけど、同時に彼自身のさまざまなインスピレーションというか、発想をつくっているのは、きわめて素早い。電光石火のごとき反応がつねにありますよね。それを引き受けて、じっくり考えて、おもむろにさまざまな知識を動員するというのではなくて、ほとんど瞬時に反応しているというか、そのリフレックス。反射神経のよさ、それは際立っている。でも逆に、その反射神経を通じてひょっとしたら抑圧みたいなことが起こっているような気もするんですけどね。

──**(「沈黙の八年間」)** いちばんミステリアスなのはその変化ですよね。不思議です。あたかも、先ほどの身体のね、つまり「思想としての身体」という意味ですけど、そういうものを華麗に抑圧することをやめたような、抑圧とは全然違う道をとった。それが多くの人には、わたしもそうですけど、どこかついていけない部分があって、なぜフーコーがこういう味気ないような文章を書くんだろうって……。(……) わたしはなにか、カッコ付きですけど、ある種の……というのは「解放」と裏表になった「絶望」というのを感じるんですけど。(……) 自分の身体からどんどん遠くなっていく道を選んだ、エクリチュールのほうは。そうとも言えますよね。たぶん、その距離のとり方が、われわれの不意を打つというか、それまでの輝かしい彼の思考の身体が急に遠くなって、どんどん消えていくような印象が、読んでいくと……ね。

──**(『性の歴史』について)** ある意味では、あの書物(『性の歴史』)を通じて、フーコーは西欧の歴史のたどれるところの最下層にまでは、とにかく降りていこうとして行ったわけでしょう。しかもまったく独創的な方法で、普通にはそう見えないような仕方で行ったわけなので、それはやっぱり驚くべきことですよね。だからひょっとしたら、まだわれわれがよく知らないイナクチュエルなフーコーというのは、ああいうことを可能にしたもの、それがやっぱりフーコーの中のまだわれわれがわからないなにかでしょうね。たんに伝記的な、実存的なことだけではなくて、われわれの時代のもう少し先。極端に言えば、フーコーは少し時代の先を行ったような気がする。

——**(自己のモラル)** 思考の身体のスタイルはどういうものであるかということをぎりぎりのところで実践していて、そのことと、最後にモラルという問題が大きく浮上してきて、しかも自己からの、先ほど松浦さんが言ったみたいに、se déprendre(自己から自己を引き離す)という形で語られることへの伏線はありますよね。奇妙なモラルの実践があって、はじめは禁じられている身体というか、さまざまな制度の中で一個の身体が見つめられ、禁止され、いろいろな言葉によって苛まれるという、身体そのものが一種の窪みであるような、そういう生き方、実存のあり方をしているのだけれど、それを一挙に反転して、言語を通じてその窪みにもう一回、形を与え直すような仕事をしたと思うんだけど、最後はその全体を「自己」のモラルの問題に引き取っちゃう。

——（アメリカ）アメリカに行ったことはフーコーにとって大きかったと思う。つまり彼がやったことは、ある意味でヨーロッパの歴史全体と闘ったわけでしょう。つまり自分の身体一つにヨーロッパの歴史を全部引き受けて、一種の分析・解体作業をやったんでしょう。ところがアメリカに行った途端に、それをやる必要がなくなったと思うんだね。あのように緊張した文体をつくる必要はなくなったんだと思うんです。さっき「絶望」ということを言いましけど、一つは絶望だけど、もう一つ裏側にあるのは、必要がなくなったということ。自分の好きなことをやれる。他人から見られる眼差しとか、監禁とか、一切関係ない。特に七〇年代のアメリカってなにをやってもよいような、ヨーロッパにはない自由をはじめて知った。

——（政治）（……）言葉と身体とのあいだで単独で行う文学者的な立場を守ることもできたところで、しかし、同時につねに、誰かと一緒にいるというセンスをもっていた人だと思うんです。そこに政治的なものにつながっていく基本的な性質があったと思うんだよね。つまりすぐれた巨大な作家になることもできたけれども、彼には孤独に一人だけで受け止めていく部分と、同時に自分の存在が他のものと一緒にある、あるべきだという感覚がありますね。しかもそこで他のものとの接合の仕方、連帯の仕方が非常に自由である。これは彼の思想する身体の大きな特徴だと思うんです。そこでまず最初に浮かび上がってきたのは政治という問題で、西洋的な歴史の水圧の解体は知のレベルで行われると同時に、また政治的な制度の解体ということを直接的にも目指して、それは時代とも符合しているわけです。そこに時代のアクチュアリティがあると思うんだけど、結局、カントみたいな哲学者がけっこう彼にとって大きな意味をもっているのも、理性や言説の限界づけみたいなことを通じて、最終的には大きな政治批判というかね、カント的な意味での「第四批判」、政治の批判を相当真剣に考えていたんじゃないかと思うんです。（……）マルクス主義的といってもいいし、サルトル的といってもいいんだけど、少なくともすごく長い間、われわれは、政治というのはどこかで、権力をとるか、権力に対する対抗権力をつくるか、そのような二者択一でしかものを考えられなかった。ところがいまの現実の社会で起こっていることのほとんど多くは、相変わらずそういう部分もありますが、どうも単純な権力の奪取というのか、どのように権力が作用していて、それに対してどのように反作用を提示するのかというシェーマではまったく解けなくなってきちゃった。

——（空間）なにか大きな影響を今後もフーコーがもっていけるとすると、これからいろいろイナクチュエルなものが出てきて、思いがけないフーコーも出てくるかもしれませんけど、最大のポイントは「空間」ということだと思うんです。（……）つまりフーコーがなにをもたらしたかというと、歴史とか言語とか政治とか、そういういままであまり空間という問題が立っていなかったところに、構造とか系じゃなくて空間そのものが対象として立った。だから『言葉と物』なんかでは、それに応じてタブローとか表とか絵とか、空間的なものがたくさん出てくる。あるいは層とかね。

アルケオロジーもそのことだと思うんです。それまで歴史が空間的なものとしてつかまえられるということを、そんなに強調して打ち出した人はいなかったんじゃないか。フーコー以前とフーコー以後がもしあるとすると、ものすごい空間のセンスだと思います。その空間というのは空間化する空間といってもいいかもしれないんですけれど、言語によって空間が生み出されていく。ただ言語で空間が生み出され、それに従ってわれわれが世界を認識しているだけじゃなくて、その空間においてさまざまなモダリティを通して、実際に法が機能して、抑圧が起こったり、権力が動いたりする。空間はいかに不連続で、いくつも切れ目が入っていて、普通の人が思うように連続的で透明なものが空間ではないということ。人間が住まっている歴史的空間というのは無数の断層で苛まれた空間なんだということをものすごく鮮やかに見せてくれたと思うんです。ところで、彼の書くものの中では、不思議なことに、彼の生成の現場には身体があるんだけど、最終的には、身体は、空間にすべてを譲ってしまって、主体としてはどこにもないようなものになってしまった。【📖18】

そう、だから、もしわたしが一冊のミシェル・フーコー論を書くようなことがあったとしたら、そのタイトルは『身体と空間』となったかもしれない。じつは、このタイトルは、一九九五年に筑摩書房から上梓した芸術論集の拙著に使われてしまっている。そこにはフーコーを論じるテクストは入っていないのだが、絵画論のなかではマネが問題となり、論稿「建築のポリティックス」では、フーコーの名を挙げながら、「空間のポリティックス」の可能性を論じている。とすれば、この本は、本人も知らないままで、ある意味では、フーコーからの学びに多くのものを負っている本だったのかもしれない、といまさらながらわたしは驚く。知らず、わたしは、フーコーという「空間」のなかで思考していたのかもしれないのだ。

*

一冊のフーコー論を、わたしは書かなかった。とはいえ、その後、二〇〇六年になって、『ミシェル・フーコー思考集成』がテーマ別に再編集されて文庫本として再刊行されたときに、フーコーの六〇年代の展開に捧げられたその最初の二巻の巻末に、比較的長い連続論稿を書く機会を得て、わたしなりの「まとめ」はできたようにも思う。「分割線上のフーコー」というタイトルのもとに書かれたこれら二本の「編者解説」をここにまとめて再録することで、――一冊という形ではないにしても――わたしにとっての「幻のフーコー論」一冊を夢見ておくことにする（今回、タイトルはあらためてつけなおした）。またそれにあわせて、『ミシェル・フーコー思考集成』の第七巻の「編者解説」も再録させてもらう。加えて、フーコーの著作について書いた書評のいくつかとディディエ・エリボンによるフーコーの伝記『ミシェル・フーコー伝』について書いた書評とを併せて収録する。後者は異なったメディアに計三本のテクストを寄せているが、わたしにとってのフーコーを「空間化」する効果はあるかもしれない。

アルケーとしての分割——分割線上のフーコー（1）

——（2006.5）

ミシェル・フーコーについてなにごとかを語るということになると、わたしとしてはどうしても、私事に亘ることが避けられない。

いや、特に親しかったというわけではなく、つねに驚異と憧憬の「距離」を隔てて、一個の途方もない、きらめくような知の輝きが出現し、疾走し、そして不意に消失するのをただ茫然と見ていたというだけの話なのだが、しかしいまから振り返ってみれば、わたしにとっては、フーコーこそ、自分がその人と同時代にいるということを、書物ではなく、その生身の姿を通じて、しかしなにか信じられないような思いとともに興奮しながら確認した、おそらく最初の（異邦の）知の人ではなかったか、と思う。

そうしたあるいは個人的にすぎるとも思えよう確認の出来事は、明確な日付をもっていて、それが本巻の最後に収録されている「狂気と社会」のもとになっている一九七〇年一〇月七日東京大学教養学部におけるフーコーの講演（そしてまた、同時期に、東京日仏会館で行われたマネの絵画についての講演）であった。三十数年前のその出来事を鮮明に覚えているわけではない。なにしろ、大学に入ってまだ二年あまり（しかも大学ではほとんど授業が行われていなかった時代の直後だ）、習いたてのフランス語でいったいなにを理解したのだったか、覚束ない限りだが、しかし漠とした記憶の底にそれでも、いまでは自分が教員として勤務するキャンパスで行われたその思いっきり高度で知的な輝きを放っていた講演会のいちばん後ろの席に自分が身を小さくして座っていたことをはっきりと思い出す。

これはフーコー論集の解説という場の文脈からは多少、逸脱することになるが、とりわけ若い読者の方々には、理解できるできないは別にして、そのような現場に立ち会う経験が無意識に働きかける力の大きさをわたしとしては強調しておきたい。あくまでもいまから振り返って言うことだが、わたしがその後、マネを卒業論文のテーマに取り上げたことに、このときのフーコーの日仏会館における講演が影響していないとは言い切れまい。また、その後の数年のあいだ、わたしは友人たちとメルロ＝ポンティの『知覚の現象学』と並んでフーコーの『言葉と物』をどちらも仏語の原書で読み続けたのである。そして、七八年にフーコーが二度目の来日をしたときには、今度は、映画『ピエール・リヴィエールの犯罪』の上映に伴ってアテネ・フランセを訪れたフーコー自身にかろうじて「空間と権力」に関して質問をする機会を得た。流暢とは言えない質問に対して、フーコーが返答の前にわたしに向かって返してきた、どこか人間離れをしたあの不思議な微笑をわたしは後々までけっして忘れないだろう。その後パリに留学し、コレージュ・ド・フランスの講義も、溢れるばかりの聴衆に交じって聴講することになるのだが、しかし生身のフーコーにわたしが最接近したのは、七八年東京であったのだ。

もちろん、このようなことは、まったく個人的な些事にすぎない。だが、わたしがこの些事を語ることを通して標識づけておきたいのは、ミシェル・フーコーという名が、いまから三十数年前には——他の幾つかの名とともに——六八年のパリの五月革命がその歴史的な徴であるような、と乱暴に言っておきたいが、まったく新しい時代の到来を告げる名であった、ということなのだ。

六八年に大学に入学したとき、わたしたちが夢中になって読んでいたのは、サルトルであり、カミュであった。そこでは「実存」という言葉が絶対的な魔力をもっていた。ところが、そのたった二年後には、サルトルもカミュも決定的に「時代に乗り越えられた」と映ってしまっていた。そして、われわれは、ミシェル・フーコーを、ロラン・バルトを、さらにはジャック・デリダあるいはジャック・ラカン、クロード・レヴィ＝ストロースを、新刊やその紹介が出るのを追いかけるようにしながら——ということは、同時代的に、しかもけっして遠い西欧の思想としてではなく、「わたしたち自身の時代」の思想として（念のために強調しておくなら、この「時代」こそ、まさにそれまでのように「西欧の思想」を輸入するというオクシダンタリズム（！）が通用しなくなったことがひとつの徴候であるような「時代」にほかならなかったのだ）——熱狂的に読むようになっていたのだ。「実存」という言葉に「記号」、「言語」、あるいは「構造」という言葉が置き換わった。まったく新しい知の言語、歴史の見方、人間の捉え方が登場したのである。いや、より正確に言うならば、歴史の主体としての「実存」という人間的な考え方にかわって、「人間」という理念そのものが――きわめて最近の！――歴史的な所産であるという認識、知を含めて歴史の諸制度を構成しているのは、実は個人の「実存」には還元できない非人称的な構造的規制（現時点ではそれを「構造」と言うのは留保しておくが、フーコーも含めて当時、まずはそれは「構造」という言葉で紹介された）であるという認識が、突然に出現したと思うや瞬く間にわれわれの人間と文化と歴史の理解の根底を形成したのである。それは、まさにフーコーが言う「エピステーメの断絶」という歴史上の不連続な出来事そのものであった。わたしたちは、その不連続を生きていた。とすれば、その時代のわたしたちにとって、フーコーの名がどれほど特権的であったかは理解されるだろう。かれはまさに、そのような同時代の歴史的な経験そのものを位置づける理論的枠組みを構築していると思われたからである。

すなわち、ミシェル・フーコーとは、六〇年代の後半から七〇年代にかけて、人間科学の領域において生起した、知の不連続線を指示するひとつの名であり、しかもそのような不連続の歴史を理論化しているという意味において特別な名であったのだ。

もちろん、同時代的理解というものは、つねに同時代故の限界を背負っている。同時代が、無意識的・前意識的に「同じ」エピステーメに属していることによって、かえってひとつの作品（群）

が潜在的に孕んでいる別種の豊かさを見失っているということはありえる。しかも真正の仕事というものは、かならずそれが属する「時代」のなかで消化されきることはなく、つねに――便宜上、それが過去であれ未来であれ――「別の時代」へとすでに（／いまだに）属しているものだ。とすれば、没後すでに二〇年あまり、ミシェル・フーコーに対してもそのような「新しい読解」が企てられてもよい時なのかもしれないが、そうだとしても、それはかれとの少し遅れた同時代性を生きてきたつもりでいるわたしの仕事ではないし、いや、わたしとしては、――今回「コレクション」という形でフーコーの仕事の全体像への新しいアプローチが可能になったこの機会に――あらためてその同時代にとって、フーコーの衝撃がどのようなものであったのか、を思い起こしておくことにこそ意味があるのではないか、と思うのだ。

フーコーの衝撃を、もしひと言で言わなければならないとしたら、わたしとしては、やはり知と歴史とのあいだに、それまで誰も考えなかったような実定的（ポジティフ）な関係空間を構想したことにある、と言いたい。その仕事――ここではもちろん一九六六年の『言葉と物』を中心に考えざるをえないのだが――は、新しい操作概念、人間存在への根源的な考察、論理的な組み立てなどは明らかに哲学的ではあるが、しかしけっして哲学ではなく、というのも具体的な歴史へと思いっきり開かれているからだが、かといって今度は歴史学かといえば、それにしては、あまりにも理念的であるだけではなく、その記述の方法は、いわゆる歴史学が暗黙のうちに前提しているものとは根本的に異なっている。それは哲学でもなければ、歴史学でもない。人間科学を構成するさまざまなディシプリンの一覧表（タブロー）（それこそ理念としての《大学》というものだ）があるとすれば、そのどれにも関係しながら、どれにも属さない、しかしあきらかにそのどれにも増して高度に学的であるような、フーコー自身の言葉で言うならほとんど「不可能なディシプリン」（この「不可能な」という言葉は、「そこで限界にかかわる」という意味であることに注意せよ）であったのだ。

周知のように『言葉と物』の冒頭の序文で、フーコーはボルヘスのテクストのなかにある「ある中国の百科事典」の《動物》という項目の奇妙な、いや、もはや「矛盾」という言葉などではカヴァーできないような異質混淆の分類表の例を引きながら、みずからの本の出生地はそこなのだ、と明言していたが、まさにフーコーの仕事は、その歴史的な起源＝誕生に問いかけることを通じて、近代的な人間科学のタブローそのものを攪乱し、それを構成している、それ自体は意味のないように思われるかもしれないさまざまな線――分割線、不連続線、横断線――の空間を批判的に可視化するような仕事であったのだ。この仕事は、タブローそのものを問題にすることにおいて、タブローのなかには場をもたず、登録されない。フーコー自身、後には、その場なき「学」を、起源（アルケー）の学という含意を含め「アルケオロジー」という名を使うこともあったが、しかしそれよりは、その「中国の百科事典」のなかの「（h）この分類に含まれるもの」の直後に置かれた「（i）狂人のように騒ぐもの」のほうが、より適切な命名＝分類であったのかもしれない。

だが、名の問題はここまでにしよう。より重要なことは、フーコーの仕事を通じて浮かびあがってきた奇妙に非人称的な歴史の空間である。歴史と言いながら、しかしそれは通常、歴史家たちが描き出すような歴史とはまったく異なった様相をしている。というのも、歴史家たちが考える歴史は、本質的には、人間が「為したもの」にある。人間の行為の結果としての出来事の総体――それが歴史ということになる。だが、フーコーが考えようとしていることは、そうした人間の行為がいったいどのような規定・条件づけに従っているか、ということなのである。どんな行為もけっしてア・プリオリに無前提に行われるわけではない。行為はかならずある種の場の規制にそって行われるが、しかし本質上、事前的であるこの場はかならずしも行為主体によってつねに明確に意識されているわけではない。行為主体にかならずしも意識されることなく、しかし行為がそれにおのずから従うようなさまざまな規制・規定の空間、法律とは異なってかならずしも誰かが定めたというわけでもないような準・法的な空間、つまり実定的な空間――たとえばごく単純に、すでにそれに触れた学問のディシプリンのタブローは、学問という行為が書き込まれるべき、かつそれに先立つ既成の場にほかならない。そこでは人間の主体的な行為は、こうした非人称の規制の空間の、むしろ「効果」のように認識されるのである。そして、そのような非人称の歴史的な空間性こそが、実はフーコーによって「知」と呼ばれたものなのだ。

日本語で「知」と訳される「savoir」は、少しでもフランス語を学んだ者には明らかなように、動詞がそのまま名詞になったものであり、しかもその動詞は単に「知る」ことだけではなく、能力として「できる」ことを指し示す。それは単純な知識とか学問とかではないのだ。フーコーはけっしていわゆる科学史や制度史の研究を行ったわけではない。そうではなく、フーコーは、われわれの生、われわれの行為の可能性をあらかじめ書き込んでいるような歴史的な認識の条件付けや規制としての「知」を研究しようとしているのである。それは、それに従って社会的な制度が生み出されたり、また消えたりするような「知」なのであり、それ故に、ほとんど「権力」（フランス語では、「savoir」と同じように動詞「pouvoir」の名詞形で言われる）と隣り合い、浸透しあっている「知」なのである。

「実存」という立場に立てば、歴史とは、なによりも主体がそこでみずからを「意味」つまり「共ー意味」として実存する場ということになる。投企であれ政治参加（アンガージュマン）であれ、歴史は、自己にとっての実現すべき意味の地平にほかならない。それに対して、フーコー的な立場に立てば、歴史はすでにわれわれの前に、あるいは足もとに、われわれの行う意味の行為があらかじめそれに従うべき規則や規律の非人称的な空間を拡げているということになる。とすれば、まずは、みずからがすでに、否応なく、そのなかに棲みついている歴史的な「知」の空間そのものを認識し、分析し、そして批判することがなければならないのだ。われわれをある行為に駆り立てたり、逆にある行為を禁止したり、抑制したりするその無意識的な規則の集合体こそが問題なのである。ちょうどレヴィ＝ストロースが対象とした、歴史のダイナミズムから相対的に引きこもっているようないわゆる「冷たい社会」において、社会の成員の直接的な意識を超えた水準に、たとえば交叉イトコ婚という交換の構造が見出されるのと同様に、いわゆる「熱い社会」においては、とりわけ近世以降、「知」と「権力」の二重性の諸関係・諸規制の空間が、主体からも、下部構造からも相対的に独立しているような非人称の水準において、見出されるのである。しかも、「冷たい社会」における構造の場合とは異なって、このような準・構造は、それ自体がほとんど自律的に、歴史のなかで変形していくのだ。それは、言ってみれば、誕生と消滅とが織りなす無数の不連続線の絶えず変化し続ける集合のような錯綜した空間なのである。そのなかから、いくつかの特徴的な線を選んで記述することによって、われわれはそれでも、まるで番号順に点を結んでいくと最後にはひとつの形が浮かびあがる隠し絵のように、われわれがいまだに属する歴史の層にひとつのフィギュールを与えることができるのだし、『言葉と物』のとりわけ後半でフーコーがやってみせたことは、まさに「人間」という「顔（フィギュール）」がそのようにして歴史的に生み出され、書き込まれたものにすぎないという衝撃的な事実であったのだ。

言うまでもないが、このような立場は、けっして「実存」という立場を溶解したりはしない。むしろ一九六七年に「エスプリ」誌が構造主義の特集号を組んだときに、編集長だったジャン＝マリー・ドムナックがフーコーに発した質問のひとつ（そしてフーコーがただそれにだけ答えた質問〔『思考集成』No.57を参照のこと〕）――「非連続性と拘束の思考から出発してどのように政治的な介入が可能か」――が顕在化しているように、「熱い社会」におけるこのような「冷たいシステム」とも思われる非人称の歴史性に対して、どのように実存的な意味を位置づけるのか、という問いは、六八年という熱い時代にとっても、そしてフーコー自身にとっても、きわめて重要なものであったはずである。

少し先回りして触れておくなら、六八年以降、フーコーは、みずからのある種の政治参加を通して、その問いに実践的に答えているようにわたしには思われる。いくつもの政治的なマニフェストに署名し、政治集会に加わり、デモの先頭に立ち、海外、とりわけ東側諸国の知識人たちとの連帯を組織し……しかし同時に、その参加はあくまでもひとりの個人の知識人として、という相対的に控えられたもので、そうしようと思えばできる立場にあったのに、かれは、サルトルのようには、華々しく啓蒙的なイデオローグの役を果たしたりはしなかった。しかも、――これは今後、きちんと検討してみなければならない問題だが――その参加の「意味」の方向は、あくまでも自己を他者へと開くものであったのではないか。

実際、フーコーの根源的な倫理というものがあるとすれば、それは、西欧という「同じもの」le Même の歴史の境界＝限界（リミット）においてそれを「他なるもの」l'Autre へと開き、限界突破をすることであったように思われる。だが、同時にかれは、かならずしもその倫理のなかに人びとを巻き込むような啓蒙的な態度を採りはしなかった。みずからの「知」の仕事は、監獄、処罰、監視、生‐権力、統治性、性の規律とますます歴史的な権力空間の詳細な分析を展開しつつ、しかしそれを、単純な二項対立的な権力批判へ短絡させることはなく、むしろ中心性をその最大の特徴とする従来の権力観とはまったく異なる、分散マトリックス的な権力の考え方を導入していくのだが、その権力論とかれの実存的な政治参加はおそらく通底しており、支え合っているのだとしても、しかしかれはそれをそのまま「思想化」しはしなかったように思われる。むしろ「実存」は、フーコーにおいては、個々の主体の選択に委ねられ、任されていたようにわたしには思われるのだ。

だが、少し先を急ぎすぎたのかもしれない。わたしとしては、このようにして、ミシェル・フーコーの仕事の全体が、その同時代において、なによりも「知」、「権力」、「歴史」――それぞれの概念の根本的な再定義を要請しつつ――といった根源的な次元がたがいに交錯し、重なり合い、干渉し合う非人称的な、しかしあくまでも――具体的な歴史資料体(アルシーヴ)によって定位可能な――実体的な空間を浮上させた衝撃として出現したことを確認できればよいのである。それは、「学」や「知」や「思想」のタブローを構成する分割線そのものに問いかけるが故に、それ自体はかならずしもタブローのなかに場をもたず、いつまでも「場違いな」ままとどまっているのでもある。その仕事は、タブローのなかに正規の場をもつそれぞれのディシプリンの視点から見た場合には、ときには異議を申し立てたくなるような大胆な手続きや倫理によって構成されていることもありえよう。それは、「同じもの」としてあろうとするそれぞれのディシプリンにとっては、重要な問題でもあっただろう。だが、フーコーにとっての問題は、なによりもサルトルなら「実践的惰性態」のひと言で片づけたかもしれない、この歴史的規制の空間を見つめるまったく新しい批判の眼差しを浮かびあがらせること、そしてその空間の大きな見取り図を分析的に提起することだったと思われる。

眼差しと空間――フーコーの思考のもっともオリジナルな特徴こそ、その空間的なアプローチ、人間的な意味の以前にある、そこから意味が生まれてくるような空間へと注がれた眼差しではなかったか。そして、さまざまな不連続線や力線、垂直線、さらには空白のタブロー、奇妙な立体といったほとんど幾何学的な対象空間を見つめる眼差しは、意味以前というその位相に正確に対応して、それ自身、まだ身体を持たないような眼差しではなかったか。わたしは、フーコーのことを考えると、いつでもなぜか、自分が身体をもってこの世界に存在していることを――お望みならカラヴァッジョが描いたあのメデューサのようにと言ってもいいが――驚愕に満ちた眼差しでみつめているミシェルというイマージュを想像しないわけにはいかない。身体こそ、フーコーが生涯、みずからの思考の秘密の中心であったというのが、わたしのフーコー論の変わることのないライト・モチーフである。身体的な実存は、けっして無垢ではなく、すでにその誕生に先立って、「歴史」と「権力」と「知」の共同作業がつくりあげているさまざまな力――しかも否定的で抑圧的な、ときには排除的な、さらには抹殺的な力――によって囲いこまれ、貫かれている。それはフーコーにとっては、理論的な仮説ではなく、かれのすべての思考がそこから要請されるような実存的な根拠ではなかったか。

『ミシェル・フーコー思考集成』に含まれる「年譜」によれば、フーコーは高等師範学校に入学してすぐに、復習教師(レペティトゥール)だったモーリス・メルロ＝ポンティの講義に出席している。しかも四九年の記述には「かれ（メルロ＝ポンティ）は私たちを強く魅了していた」というフーコー自身の言葉が伝えられている。そのときかれはまだ二二歳。すなわち、フーコーという一個の特異な思考の誕生――（もちろん誕生とはこのような場合、長いプロセスを要求するものだ）――、そのもっとも早いモメントは、メルロ＝ポンティという、これもまた輝かしい「身体の哲学」に分有されてもいるのだ。とはいえ、後者のそれにおいては、世界と共‐誕生し、共生する、徹頭徹尾「生ける身体」が問題になっていた。現象学の格率に忠実に、メルロ＝ポンティは、権利上、死を知らない「野生の身体」をこそ追求するのである。それに対して、フーコーにとっては、身体とは、「世界の肉」のうちに織り編まれる生き生きとした《わたしはできる》je peux の領野に属するものではなく、むしろそれを生きることがつねに社会＝歴史からの否定性に曝されることである禁止された場、つねに消滅や排除へと方向づけられてしまう受動の場としてあったのではないだろうか（ここには、もちろんかれの同性愛の問題があることはまちがいない。だが、それはこの「負の身体」のむしろひとつの「効果」であって、それが根拠であるわけではない、とわたしは考える）。

こうして、わたしは、フーコーの仕事にいわば先立ってひとつの（事後的な）「アルケー」のように分割の線が走っていることを暗示しようとしている。それは、身体的な実存と歴史的な、構造的な権力場とを分かつ線、生と生の禁止とを対立させる線、意味（ロゴス）を通しての自己回帰と他者の反復的な侵犯とを分離しつつ関係させる線、そしてついには、理性と非理性（狂気）とを分割する線なのだ。

「アルケーとしての分割」――あたかも、それを記念し、あるいは祝するかのように、フーコーは、その最初の著作のひとつを、分割へと捧げられた詩句を置くことで開始している。周知のようにフーコーの最初の著作は、どちらも一九五四年の出版になるが、小さな単行本の形で出版された『精神疾患と人格』（題を含めて大幅に改訂されたその第三版が『精神疾患と心理学』として邦訳されている）と本巻に収められた最初の論文「ビンスワンガー『夢と実存』への序論」だが、後者は、まさにルネ・シャールの詩集『断固たる分割』からの次のような詩句の引用からはじめられているのだ――「人間の時代に、私は、生と死を隔てる壁の上に、次第に裸形の度を深めるむき出しの一本の梯子が立ち延びていくのを見た。その梯子は、比類ない引き抜きの力を帯びていた。その梯子こそ、夢であったのだ……。かくして、暗闇は遠ざかり、〈生きる〉ことは、過酷な寓話的禁欲の形をとって、異常な諸力の征服となる。われらは、それらの力に横切られていることをひしひしと感じてはいる。だが、われらは、誠実さ、厳しい分別、忍耐を欠くがゆえに、それを不完全にしか表現しない」。

これは、ひとつの序論のためのエピグラフなどというものではないだろう。読みようによっては、フーコーのすべての思考、すべての仕事に対するエピグラフにもなりうるのではないだろうか。生と死とのあいだの分割、その分割そのものの尺度（échelle）であるかのような一本の梯子（échelle）、異常な諸力の横断、生という寓話的な禁欲、表現の困難……すべてがつねに、断固として、分割線上に存在しつづけるフーコーの宿命的なフィギュールをあますところなく予告しているように思えるのだ。

いや、エピグラフだけではない。この序論は、単にビンスワンガーの著作の解説などではなく、むしろ「夢と実存」というその文脈を借りて、若きフーコーが、「実存」そして「イマージュ」、「想像力」という時代の最重要の問題系に対してみずからの根本的な立場を標識づけた最初の論考であり、その意味で、その後に続くかれの全仕事への序論とも見なすことができるものなのだ。実際、そこではすでに、夢の意味作用は、「空間性の諸形式」によって記述されている。しかも、それらの形式は「現象学的なスタイル」の分析を超えた「表現行為」の方向性の分析へと押し進められている。その途上で、フーコーははからずも次のような文を書きつけているのである――「じっさい問題となるのは、表現の諸々の構造を無意識的動機付けをめぐる決定論へと還元することではなく、人間の自由が運動する線に沿って、それらの表現の諸構造を復元してみることなのである（傍点、引用者）」。もちろん、「表現」という言葉も「構造」という言葉も、後のフーコーは用いなくなるかもしれない。それなりに時代の刻印はその影を落としている。だが、ここで言われている「線」は、まさに以後、フーコーが「復元」しようと試みるすべての歴史の「線」をあらかじめ鋳込んでいないわけではないのだ。

そしてその結語――フーコーは次のように締めくくる。「ビンスワンガーが夢において明るみに出したのは、実存の運動が、実存が病的な主観性のなかに自己を疎外する諸々のイマージュと、実存が客観的歴史のなかに自己を成就する表現との間で、決定的な分岐点を見出す根源的な瞬間なのである。想像的なものとは、この中間の地帯、この選択の「境位（エレメント）」なのである」。すなわち、フーコーは、ビンスワンガーの仕事を、分割において読んでいることになる。実存が、「病的な主観性」、言い換えれば「非理性」、「狂気」と「客観的な歴史」とに分岐する根源的な分割。実存は――「自己」と「歴史」のあいだで、言い換えれば「同じもの」と「他なるもの」のあいだで――分割される。それこそが、ビンスワンガーを通して語り出されたフーコーの第一テーゼとでも呼ぶべきものなのだ。

しかも、このテーゼは、この序論においてすでに、すぐに別な仕方で変奏されている。右の引用の直後に――しかもそれが序論の文字通り最後の文なのだが――フーコーは、「というのも、実存の不幸とはつねに自己疎外〔狂気〕に属し、実存の幸福とは、経験的な次元においては、表現の幸福〔芸術〕に他ならないからだ」と書きつけているのだ。すなわち、実存は、狂気と芸術へと分割されているのだ。ここにはすでに、フーコーの第二テーゼとでも言うべき、狂気とは「作品の不在」であるという『狂気の歴史』全体に轟きわたっているあの断言の最初の形態があると言ってよい。

「作品の不在」とは、すぐには理解し難い言葉であるかもしれない。しかし、われわれは「ビンスワンガーの『夢と実存』への序論」のこの結語から出発して、「作品」がまさしく、表現そして言語(ランガージュ)を通じて、実存を歴史へと結びつけ、歴史のなかでのその成就を可能にする形式であることを理解するだろう。つまり、一般的には、歴史とはつねに「作品」の歴史、「なされたこと」、「成就されたこと」の歴史なのである。それに対して「作品の不在」とは、そのような歴史のなかでの場をもたないもの、その意味で歴史の構成要素とは見なされない空白そして沈黙のことなのである。しかし、実は、この「作品の不在」なしには、歴史は可能ではなかったし、可能ではないのだ、とフーコーは断言するのだ。

「『狂気の歴史』初版への序」でかれは、これ以上ないほど明確に言い切っている——「世界の歴史の大いなる作品は、ひとつの〈作品の不在〉に消しがたくつき従われている。その不在は、それぞれの瞬間ごとに更新され、しかし、全歴史を通してその不可避の空白のなかを変わることなく巡り続ける。歴史以前に、最初の決定の時からすでに、その不在はそこにあり、歴史が発するであろう最後の言葉においてはそれが勝利をおさめるであろうから、歴史以後においてもまだ、その不在はそこにあることになろう。歴史の十全さは、これらすべての言語なき語たちの、同時に空虚にして蝟集した空間においてのみ可能なのである」。

なんということだろう。このテクストが言わんとするところを正しく理解しながら、ある種の戦慄を覚えないでいるということがどうして可能だろうか。すべての歴史、つまり歴史のなかのすべての「なされたこと」は、同時に、どうしても消し去ることのできない「作品の不在」、その空白、その沈黙につねにつきまとわれ、つき従われている、というのだ。歴史は、まさに作品と非‐作品、理性と非‐理性、さらには意味と非‐意味というある根源的な分割なしにはけっして可能ではなかった。「要するに、狂気の必然性は歴史の可能性に結びついている」と言われているのである。そして、さらにかれは、歴史の十全性のために、その「それ自身のうちに沈みこみ、喉にからみつき、いかなる表現に達するよりも前に崩れさり、そこから決して脱したことのない沈黙に音もなく戻って行く」ような「作品の不在」の「歴史」(!)つまり、けっして歴史にならなかったものの歴史を企てるのである。

とするならば、――フーコーの意図に忠実であるとして――『狂気の歴史』という表題そのものがすでに大いなるパラドックスを内包していることを理解しないのなら、われわれはフーコーのなにも理解しなかったということになる。そこでは確かに、一六五七年という歴史的な指標をもつ「大監禁」制度の創設、そして一七九四年のビセートルにおける「鎖につながれた者たちの解放」という歴史的な事件に目くばせをしつつ、狂気の監禁・閉じこめの歴史が詳細に語られている。だが、それはあくまでも、そのような「歴史の大いなる作品」を、そしてそれを生み出した理性を、それらを可能にした根源的な分割線のごく近くにまで、すなわちフーコーが「境界＝極限（リミット）」と呼ぶ限界域へと連れだし、それらをあらためて、けっして言語化されないその沈黙の同伴者の顔なき存在に直面させるためだったのだ。

フーコーは、歴史の可能性＝必然性そのものであるこの分割線を、あらためて辿り直し、跡づけ直す。そうすることによって、かれは、――狂気の詩人ヘルダーリンを論じた「父の〈否〉」の結語をなぞって言うことがゆるされるなら――はじめから歴史の一部であった抑圧された沈黙のなかで、歴史を歴史そのものの不在へと、歴史そのものの永遠の廃絶へと結びつけるひとつの分割を置くのである。

ギリシア以来の「西欧」の、という留保はつくが、こうしてフーコーは、歴史がそこから誕生し、また消滅する一本の、そして同時に無数の「線」を書き続けたのである。

幻の『外の思考――言語と死』――分割線上のフーコー（2）

――（2006.6）

カントが三つの批判書を書いたことは誰でも知っている。『純粋理性批判』、『実践理性批判』そして『判断力批判』――だが、ある意味で、カントはもう二つ批判書を書きかけた、というよりほとんど書いた、というべきではないか、とかねてからわたしは考えている。その場合の第四批判は、わたしの考えでは、歴史＝政治批判であり、その一部、いや、その提言的要約は「啓蒙とはなにか？」あるいは「永久平和論」などの小冊にまとめられている。そしてもう一冊、幻の第五批判は、「たんなる理性の限界内の宗教」あるいは遺稿となった「魂の不死性」を論じた未完成の小論がおぼろげに指し示してくれるもので、奇妙な言い方だが、すべての批判哲学の最後にやって来るべき究極の「宗教批判」として位置づけうるものではないか、とわたしは思うのだ。

同じようにミシェル・フーコーは、一九六〇年代に、ほとんど一冊の幻の書物を書いたのだ、とわたしはつねに夢想している。いや、かれが博士学位副論文として書き、未刊行のままで終わっている『カント人間学の生成と構造』（あるいは提出時のタイトルでは『カント、人間学――序論、翻訳および注解』）――フーコーがカントの人間学の研究からも出発していることをあらためて思い出しておこう――のことを言っているのではない。そうではなく、この時代にかれが、さまざまな論文やエッセイを通じて、ある意味では書いたのではあるが、しかしその決定的な重要性からすれば、充分に一冊の書物――それも『狂気の歴史』や『言葉と物』に匹敵するようなあらゆる次元におけるヴォリュームを備えた独立の一冊――として書かれてもよかったという意味では、ついに書かれず、存在しなかった書物のことである。

一九六〇年代にフーコーは合計五冊の単行著書を刊行している――『狂気の歴史』（六一年）、『臨床医学の誕生』（六三年）、『レーモン・ルーセル』（六三年）、『言葉と物』（六六年）、『知の考古学』（六九年）。だが、まったく個人的なことだが、わたしにもっとも強くフーコーの思考を刻印したものは、それらの書物ではなく、実は、さまざまな断片という散乱状態でしか読めなかったその幻の書物だったのである。この存在しない書物をどう呼んだらよいか。いずれにしても詮ないことだが、現存する断片つまり論文のひとつからタイトルを借りるとすれば、やはり『外の思考』だろうか。それにさらに『言葉と物』にならった副題を与えるとして――というのも、それは、まさに『言葉と物』と対をなす、ある意味ではその影のような書物であるのだから――わたしなら「言語（ランガージュ）と死」と言うだろうか。すなわち、それは仮に『外の思考――言語と死』ということにもなるだろうか。

この幻の書物そのものだとまでは、わたしは言わないが、しかしこの文章をお読みの読者の方が、いま手にとっていらっしゃるこれ、つまり日本語でしか存在しないこの『フーコー・コレクション2』という書物を、わたしとしては、その幻の『外の思考——言語と死』の限りなく忠実な、——というのは二重の意味で、つまり書かれたものとして、と同時に、分散というそのエクリチュール自体の空間的な存在（エートル）において忠実な——模像（シミュラクル）として読みたいと思うのだ。

だが、もしこの書物が『言葉と物』とその誕生を同じくする双子の片割れ——分割されたものの一方——としてのヴォリュームをもつものであるとすれば、『言葉と物』が一枚の絵画（「ラス・メニーナス」）の記述からはじめられたのと同様に、この書物もまた、本来ならば、一枚の、いや、複数の、複数からなる一セリーの絵画からはじめられてもよかっただろう。それはありうべきことであったし、予告もされていた。「年譜」の一九六七年の項には、「ミニュイ社に『黒と色』という題でマネ論を約束」と書かれている。この計画は実行されなかったが、しかし六七年のローマからはじまって、七〇年の東京、フィレンツェ、七一年のチュニス、とフーコーは海外各地の講演でマネを論じている。マネは、かれにとっては、モデルニテの時代を映しだす特権的な「鏡」であったのだ。ついでに言っておけば、六八年に発表されるマグリット論「これはパイプではない」は、ちょうど『臨床医学の誕生』が『狂気の歴史』の「裁ち屑」（フーコー自身の言葉だ）であったように、それとしては書かれなかったマネ論の「裁ち屑」と考えることができるだろう。

では、フーコーはマネをどうとらえていたか。「ラス・メニーナス」については、フーコーは「古典的表象の表象」、つまり古典時代のエピステーメの紋章(アンブレーム)として位置づけていた。それに対して、マネの絵画は、なによりも「最初の《美術館用》絵画であった」と言われている。すなわち、「幻想の図書館」のなかで、文学におけるフローベールとともに、「フローベールとマネは、芸術そのもののうちに、書物と画布を存在せしめた」と規定されているのだ。

言い換えれば、フーコーによれば、一九世紀の後半に、マネとフローベール——それにマラルメの名をつけ加えておくべきかもしれない——という固有名詞で指示されるような文化の不連続線、断層線が走っていることになる。フーコーはそこではそういう言い方をしていないが、それは一般的には、《モデルニテ》という名で呼ぶこともできよう不連続線なのだ。

この不連続線——そこでもっとも重要なことは、そこでは「書物」そして「画布」がそれとして「存在させられる」ということである。鍵は「存在」なのだ。そこでは、表象が「表象という存在」として現れているのである。『言葉と物』を読んだ者なら誰でも、そこでの「ラス・メニーナス」の分析が、絵画のなかに描かれた鏡の反射を通じて、「存在していながら不在であり」、「不在でありながら存在している」国王夫妻という「主体(主権)」の一点に収斂していたことを覚えているだろう。それに対して、マネにおいては、「存在/不在」の二重性を通じて告知されるのは、「画布」という存在、つまり絵画という存在である。絵画はそこでは、単に表象としてだけあるのではなく——もちろん表象であることをやめてしまったわけではないが、しかし——表象であ*る*

（存在）として出現しているのだ。実際、つい最近、公刊された当時の講演記録『マネ論』のなかでも、フーコーが力点をおいているのは、マネの画布がいかにそれが展示される美術館の空間の照明あるいは観客の眼差しに対応しているか、の分析なのである。つまり絵画は、もはや単に表象の一カテゴリーであるだけではなく、存在の一カテゴリーに属することになる。マネ以後「それぞれの絵は、巨大な碁盤の表面にほかならぬ絵画というものに属する」ようになるのだ。

だが、ここで絵画について言われたのと同じことが、文学についても言われなければならない。すなわち、フローベール以後「それぞれの文学作品は、書かれたものという果てしなきつぶやきに属す」るのである。言い換えれば、タブロー（表＝画布）が存在するのと同様に、言語（ランガージュ）もまた存在するのである。そして、それこそまさに書かれたもの、つまりエクリチュールがその明証であるようなことなのだ。

すなわち、われわれがいま、幻の一冊として読もうとしている『外の思考——言語と死』という書物、マネの絵画の分析による鮮やかな導入のあとに続くその本論の最大の主題ないしトポスは、明らかに言語、しかも言語という存在、存在としてある言語である。言語が単に、表象や意味に還元されずに、それ自体として存在すること、それこそが第一のテーゼなのだ。それは端的に書かれたものとして現れる。だが、フーコーにとっては、それはかならずしも話されたことと対比されるようなエクリチュールなのではない。すでに先の引用が、「書かれたもの」を「果てしなきつぶやき」に結びつけていたように、それは文字と音声との単純な二元論をはるかに超えて、あるいははるかにその手前にあって、非人称的な、ということは、それを話す主体には還元されえないという言語の本質を指し示しているのである。「果てしなきつぶやき」とは、もう誰の「つぶやき」だか分からないような非人称的なつぶやきという意味なのだ。

そしてそれ故に、言語の空間と死の空間とは重ね合わされる——それこそ、この書物の第二のテーゼ、いささか難解にも見えよう第二テーゼである。いたるところでフーコーはそれに触れているが、なかでも次のような一節がその端的な、原型的な説明と言っていいだろう。

無限に続くという野望を言語が抱いたのは、エクリチュールが発明されて以来のことではない。（……）エクリチュールの少し手前に、エクリチュールが広がり固定されうるような空間を開きながら、何事かが生起したのである。ホメロスはその出来事のもっとも始原的でもっとも象徴的な形象を描き出したのであり、われわれにとってその出来事は、言語の存在に関わるいくつかの重大事件のひとつとなった。すなわち、死に面しての言語の鏡像反射、そしてそこに端を発して、言葉がみずからのイマージュを無限に汲み出し、言語がみずからの後塵を拝しながらすでにそこにあり、みずからを越えつつなおそこにあるものとして無限にみずからを描き出しうるような潜在的空間の構築である。このような二重化による始原的折り返しのうちに、言語作品の可能性が生まれる。そうした意味で、死とはおそらく言語にとってもっとも本質的な出来事のひとつなのである。死に向かって、しかも死にあらがって、死を抑え掌握するために人が語り始めたその日、何かが生まれた。繰り返しみずからを語り、際限なく反復するつぶやきが生まれ、その途方もない増殖と濃密化の中に、今日のわれわれの言語が宿り、身を隠しているのである。

（「言語の無限反復」。本文の訳と表記を若干変えたところがある。以下の引用も同様）

フーコー自身が「仮説」と言っているこのテーゼの中心にあるのは、なによりもひとつの分割、すなわち生と死を分けるひとつの根源的な分割である。言語は、いわばこの分割を乗り越えることで、この分割そのものを提示する。言語は、限界を超えている、つまり「無－限」なのである。それは生死の分割・限界を超えた生、つまり逆に言えば、死にほかならない生なのである。注意しておかなければならないのは、この限界の乗り越えは、単なる延長、つまり限界の消滅なのではなく、限界にもかかわらず、それが「生起する」ということである。それをフーコーは二重化、分身化という操作概念で説明している――「むしろ、言語がみずからのイマージュと化し、鏡の中での二重化により死の限界を乗り越えるその潜在的空間を横断するがゆえに、言語は不在となるのだ」。すなわち、分割とその乗り越えは、まさに「鏡」をその至上の範例として考えられているのだ。

だが、われわれはこの「鏡」を単なるメタファーと考えてすますわけにはいかないだろう。いや、それは確かにメタファーなのだとしても、しかしあらゆる表象の可能性の手前にあってそれを人間の存在に、ということはその生死に結びつけているような根源的なメタファー、事後的に、メタフアーにおいてしか言及することのできないような「始原的な折り返し」の関係のことなのだ。言い換えればまず始めに「鏡」があるのだ。そこから言語が、イマージュが、つまり表象が由来する原初的分割としての「鏡」があるのだ。

真正な仕事はどんなものでも極度に複雑に入り組んでおり、その全体を単純な公式に還元することなど無謀以外のなにものでもないが、しかしこの時期、一九六〇年代までのフーコーの仕事の根底には、つねに「鏡」の思考が横たわっていたと言うべきだろう。『言葉と物』においても、また、われわれが夢想している一冊の『外の思考――言語と死』においても、かれは、歴史の根底に「鏡」を見出そうとすることしかしていない、と言うことすらできるかもしれない。フーコーは「鏡」に取り憑かれているのだ。

すでにかれは、この根源的な「鏡」をホメロスの名において語っていた。しかし、その同じ「鏡」は、また、『千一夜物語』にも見出されようし、ディドロの『修道女』やクレビヨンの『ソファー』にも、ソレルスの『公園』、ロブ゠グリエの『嫉妬』にも、いや、ネルヴァル、マラルメ、フローベール、バタイユ、クロソウスキー、ブランショ……フーコーのペンが触れた途端に、あらゆる文学作品のテクストは、「鏡」の非人称の輝きを放ちはじめるのだ。

その意味では、確かに、はじめに見たように、マネ゠フローベール゠マラルメのモデルニテの不連続線が考えられるとしても、しかしその不連続線が明らかにするのは、「今日、書くことは、その源泉に限りなく接近した」(「言語の無限反復」)ということにほかならないのであって、不連続線そのものが、歴史のなかで反復され、分身化し、増殖していくことは避けられない。

実際、フーコーは別のところ（「言語の無限反復」）では、一八世紀末に、サドと恐怖小説――それにわれわれとしては、別の源泉から、ヘルダーリン、ディドロ、クレビヨンなどの名を補っておくこともできる――によって指示されるような不連続線が走っているとも言っているのだ。

（……）無数の、いわく言い難いもの、戦慄、茫然自失、恍惚、沈黙、純然たる暴力、無言の身振り等々によって言語の外へと絶えず引っ張られながら、同時に一定の効果を上げるべくきわめて精密に、効率よく組み立てられた（その結果言語の限界へと息せき切って接近する中でみずからをできうる限り透明にし、エクリチュールのうちに消失することで、語句の外部にある意味の至高性のみを輝かせようとするに至る）これらの言語が、奇妙にもそれ自体緩慢な、細心の、そして無限に引き延ばされる儀式として表れていることが重要なのである。対象を名指し視覚化するこれらの単純な言語は、不思議なことに二重になっているのだ。

（「言語の無限反復」）

問題はだから、――仮にそう呼ぶことにして――一八世紀末のサド‐ヘルダーリン、一九世紀後半のフローベール‐マラルメ、二〇世紀のバタイユ‐ブランショといったいくつかの分割線のうちのどれが決定的かと問うたり、それらを順序づけたりすることなのではない。そうではなくて、いわばエクリチュールという言語の存在、つまり言語の本質としての自己二重化、その鏡空間的分割の存在（つまり分割＝存在！）が、そのつど「作品」として析出されるという非常の出来事に印をつけ、標定し、その空間的な運動を測量することなのである。

わたしはすでに前稿（「アルケーとしての分割――分割線上のフーコー（1）」）において、『狂気の歴史』とその同時代の論文群が、作品と非作品という根源的な分割を軸に組織されていることを強調しておいた。ところが、文学作品は、まさにその言葉のすぐれた意味において「作品」でありながら、しかし同時に、それを可能にしているエクリチュールそのものが、生と死、あるいは存在と不在、限界づけられているものと限界づけられていないもの（＝「無限」）、自己と分身、そして「内」（内面性）と「外」――どのように現象し、どのように呼ばれようとも、ある根源的分割の乗り越えそのものであり、乗り越えとして分割そのものの顕現であることによって、作品と非作品との分割そのものの「作品」となるのである。文学作品そして芸術の表象の特権性はそこにこそある。それらは、歴史のなかにあって、それら自体が、歴史と非歴史、作品と非作品の分割そのものを証しているのだ。そして、だからこそ、エクリチュールと非作品としての狂気とのあいだには、相互帰属性があると言われるのである。そしてこの相互帰属性こそ、フーコーによれば、西欧文化の「空虚であり核心であるその限界」をも証していることになるのだ。

フーコーがそれらの言葉を語っているのは、ネルヴァルについてのアンケート（「書くことの義務」）のなかであるが、言うまでもなく、フーコーにとって、エクリチュールと狂気との相互帰属性を指し示す輝かしき名が、ヘルダーリンであったことは疑いない。ヘルダーリンこそ、狂気の問題圏と文学あるいはエクリチュールの問題圏とを接続し、重ね合わせる蝶番なのであり、その意味では、六二年の「父の〈否(ノン)〉」は、われわれが読んでいるこの幻の書物『外の思考――言語と死』の第一章として位置づけられてもよかったのだ。そして、本書所収の「外の思考」のなかでは、次のように言われている――「ヘルダーリンの詩においては神々の煌めく不在が顕現し、〈神の欠如〉から来る謎めいた助力を、たぶんいつまでも待ち望むという務めが一個の新たな法として告げられていた」と。

われわれはこの「法」という言葉に注目しよう。狂気はここでは、エクリチュールを介して「法」――言うまでもなく「歴史と世界との法の内面化が西欧の意識によって緊急に求められていた」時代――「カントとヘーゲルの時代」とも言われている時代――にその「内面化の法」に逆行するような逆行の法、言い換えれば「神の不在」という「外」の「法」――に結びつけられているのである。

とすれば、フーコーがここでヘルダーリンと並んでサドを召喚するのは当然であると言うべきだろうか。その時代、「サドが語らしめているものは、世界の法なき法としての、欲望の赤裸さただそれのみ」だというわけである。ヘルダーリンがエクリチュールを狂気に接合するとすれば、サドの名においてエクリチュールに接合されるのは、セクシュアリテであり、しかも侵犯としてのセクシュアリテなのである。ということは、セクシュアリテもまた、限界と分割において、すなわち侵犯という限界の乗り越えそのものが証する分割においてとらえられているということだ。

「侵犯への序言」のなかで、フーコーは端的に次のように書いている——「おそらくセクシュアリテとは、冒瀆すべき事物も人も空間ももはやなくなった世界で、なお可能な唯一の分割を復興するものだと言うこともできるだろう」と。すなわち、サドによって、あるいはフロイトによってセクシュアリテの本質が発見されたり、記述されたのではないのであって、ただそれが限界——「法」の限界、言語の限界、そしてお望みならば、存在の限界——へと持ち来たらされたということなのだ。そこに読まれるのは、エクリチュールの分割を規定していた運動＝論理と同じものである。つまり、侵犯とは、不在の空間への限界突破（乗り越え）において、分割を分割として提示し、空間化するのである——「侵犯は、われわれの文化がわれわれの所作や言語に与えている空間のなかで、聖なるものを直接的な内実として見いだすすべを規定しているのではなく、それを空虚な形式として、不在であること自体によって微光を煌めかすような不在として、再構成するすべを定めているのである」。

とすれば、「鏡」の表面のあの煌めき、あの微光とは、フーコーにとっては、なによりも「神のいない夜の高み」を裂くように、分割するように走る夜の稲妻の煌めきだったのではないか。サドとヘルダーリンから出発して、かれは、バタイユ、クロソウスキー、ブランショを経て、同時代の作家たちのフィクシオンに至るまで、その分割の煌めきをこそ求めて「書いた」のではないか。

だが逆に、もしそうならば、それは、フーコーの分割がその最終の審級、究極の根処として要求するのは「神の死」というニーチェ的「分割」であるということを意味しないだろうか。フーコーの「外の思考」が書き込まれるべき空間とはなによりもニーチェ的な「夜」であって、フーコーはその「夜」の運命を、サド－ヘルダーリンの劇的な端緒から、ニーチェ－マラルメによるその至高の宣言を経て、ついにはブランショ－バタイユ、あるいは同時代の他の作家たちのフィクシオンのエクリチュールへの展開へと辿ったのだとも言えるだろう。そうならば、それは、こうしてわれわれがそれを一冊の書物として読もうとしてきたフーコーのエクリチュール論の全体が、ニーチェというたったひとつの固有名詞をその権利保持者とするある超越的なフレームのうちに、いわばあらかじめ登録されていたということになるだろうか。

ある意味では、フーコーは、西欧における二〇世紀の「知」の人がそうしないわけにはいかなかったのと同じく、ニーチェという文字通り狂気とロゴスとの相互侵犯の衝撃に独自の仕方で応答したのだ、とも言えるだろう。かれは、その衝撃をなによりも「分割」――生と死、存在と不在の根源的な分割――として受けとめ、かつそれをエクリチュールという言語＝存在の空間において実証しようとしたのだ。

だが、もしそうならば、それは、まさに――フーコー自身の言葉を借りよう――「今日認められるさまざまな断絶を、いまだに一九世紀の歴史的超越論的伝統の内部で思考しうると思っている」（「作者とは何か」）ことにほかならないのではないか――という、意地の悪い、しかし場合によっては致命的でもあるような問いが発せられる余地があるかもしれない。いや、余地があるどころではない、あるいはフーコー自身がまさにその問いを浮上させてはいないだろうか。そしてそのことによって、自分自身がそれまで実践してきた批評的エクリチュール『外の思考――言語と死』そのものを限りなく危うくしたりはしなかっただろうか。

実際、幻の一冊であるこの『外の思考――言語と死』の最後が「作者とは何か」と題された、フーコーが一九六九年二月にフランス哲学会で行った講演テクストで占められているのは、けっして偶然というわけではない。おそらく『知の考古学』で果たされた仕事の延長線上で、と言っていいのだろうが、そこでフーコーは、自分がそれまで書いたもののなかで、作者の名が「ひどく困惑をもたらすような曖昧さのなかで機能してしまうのをそのまま放置し」たことをいわば自己批判し、そこから「作者とは何か」という問いを導きだしているのである。その文脈であげられている名は『言葉と物』のなかで取り上げられたビュフォン、キュヴィエ、リカードなどである。だが、その同じ嫌疑は、より重大な仕方で、サドやヘルダーリンからブランショ、ロブ＝グリエに及ぶ文学や哲学の「作家」たちにも及ばないではいないだろう。「作者とは何か」は、ある意味で、それ以前のすべての章を致命的な仕方で危うくし、転倒させかねない、架空の書物のいちばん最後の章なのだ。

事実、そこであらためて問いに付され、検討されているのは、「作者」だけではない、同時に「作品」そしてなんと！「エクリチュール」というかれの思考にとっての中心的な観念までなのである――「このエクリチュールという観念は、ときに日常的な用法では、作者というもののもつ経験的な諸性格を、超越論的無名性へと転位させるものではないのか」(「作者とは何か」)。批判のターゲットは超越性にある。この文に続くところで、フーコーはさらにはっきりと「エクリチュールに起源規定をあたえることは、一方ではその聖なる性格の神学的肯定を、他方ではその創造的性格の批評的肯定を、超越論的語法で翻訳し直すだけのことではないのか」、そしてそのパッセージの最後には、われわれはとうとうフーコーが「エクリチュールを不在と考えるということは、不変であると同時に決して満たされることのない伝統の宗教的原理を、また作品の存命と、死の彼岸へのその保全と、作者に対するその謎めいた過剰との美的原理を、超越論的な語法によってまったく単純に繰り返すことではないのか」と言うのを聞くのである。

つまり、エクリチュールという観念のもとに、神学的で美学的な二重の原理を超越論的な語法で語り直しているだけでないか、それは「一九世紀の歴史的超越論的伝統の内部で思考し」ているだけではないのか、という問いである。もちろん、ここでこの問いが目指しているものが何かについては、六九年という時代のさまざまな文脈において考えられなければならないだろう。それはまったく確かだが、同時に、フーコーが――そしてかれとともにわれわれが――「外の思考」という名のもとに考えようとしてきたことの一切もけっしてこの問いを免れないこともまた確かではないだろうか。

言い換えれば、「鏡」という強力な、根源的なメタファーのもとで思考されてきた分割が、存在と不在、生と死という対立項のもとで思考されている限り、――フーコー自身が「外の思考」のレフェランスとしてそれを挙げていたはずだが――まるで「否定神学」がそうであったように、「不在」の徴のもとに実は、歴史にかかわる神学的、宗教的な超越論が密かに回帰し、復権されているのではないか。それに対して、まさにその「外の思考」の帰結が現代において指し示している「倫理」とは、「作者」の、「主体」の完全な消滅こそではないのか。つまり、「不在」の煌めきにとどまるのではなく――それでもフーコーはここでベケットという名！を借りないわけにはいかないのだが――「だれが話そうとかまわないではないか、だれかが話したのだ、だれが話そうとかまわないではないか」という断言が示す方向へと進むことではないのか。なぜなら、かれ自身が言うのだが、「今日認められるさまざまな断絶を、いまだに一九世紀の歴史的超越論伝統の内部で思考しうると思っている人びとと、そうした伝統から決定的に身を解き放とうと努力している人びと、この両者のあいだに重要な分割線がいままさに引かれているのではないでしょうか」。

またもや分割線――しかし、六九年のこの分割線は、それまでの分割線とは異なって、もはや存在論的ではなく、つまり神学－美学的ではなく、超越論的ではなく、なによりも倫理的なものであることを見落とすわけにはいかない。「作者とは可か」と問い、「作者の消滅」を断言しながら、フーコーは、エクリチュールという観念を可能にしていた否定的実在論の分割の上に、――そう、これは強調しておかなければならないが、単なる否定ではなく、あくまでもその帰結として――倫理的な分割を重ね描き、書き直すとも言えるだろう。エクリチュールは「言説」に置き換えられる。超越論的肯定は「経験的事実性」に置き換えられる。「作者」も「作品」も、「間隙と断層の配分」

からなる「言説」の空間のある種の「効果」にすぎないことになるのである。

そして確かに、以後、フーコーは二度と、「文学」にはもどって来なかったのでもある。そのことは『知の考古学』の書き直しや『マネ論』の計画の廃棄などが物語っているが、けっして困難なしにではなく（と、わたしは想像する）、フーコーは、超越論的な歴史から経験論的な、事実的な歴史へと倫理的な転回を遂げたように思われる。「作者とは何か」は、その転回、いや、フーコー自身の生の、ということは、思考と行為の「分割」、分割線そのものの「分割」を証言していると読むべきなのかもしれない。

ミシェル・フーコーという煌めく「作者名」のもとに繰り広げられたこの『外の思考――言語と死』は、こうしてある意味では、作者自身の「倫理」によって、六〇年代の歴史が垣間見せてくれたあの「夜の高み」のうちに、分散された、未決定な状態のままで、封印されたのだ。

だが、ある日、その封印を歴史そのものが解く、ということもあるのではないか――そのようなことが起こるとして、フーコーにおける否定神学－美学的エクリチュールの空間から倫理－政治的な言説の空間への転回からすでに三十年以上の時間のあとで、かならずしも単純に西欧の「一九世紀の歴史的超越論的伝統」に帰属しているわけではない誰かがそう夢想する権利をわたしは留保したい。《外の思考》は、連続的な歴史の夜空のなかに、非連続に間歇的に、煌めく「星座」となって噴出する「もうひとつの思考」だった。わたしは、ここで六九年のフーコーに反論するわけではないが、しかしその存在論的な分割は、かならずしも完全には倫理的な分割へは還元も回収もされえないと言うだろう。なぜなら存在は、倫理－非倫理のまさしく彼岸にあると思うからだ。そのような個人的な、あまりにも個人的な思考の方向からすれば、フーコー自身がある意味では断念したとも言える六〇年代の《外の思考》は、それが湛えている夜の暗さとそれを割って走る煌めきのうちに、まだまだ読まれ、別の時代へと接合されるべき目眩(めくるめ)くような深さを備えてここにあると思われる。

一九七八年のミシェル・フーコー

——(2000.11)

『ミシェル・フーコー思考集成』全一〇巻のほかの巻が、それぞれ数年にわたるフーコーの活動を収めているのに対して、この第七巻だけは、一九七八年の一年間の発言や文章だけで構成されている。もちろん、これは四巻で刊行された原著を一〇巻に分けた日本語版の巻構成でたまたまそうなったものにすぎない。確かにこの年のフーコーの生産量は多いが、しかしそれも前年の七七年にほぼ匹敵するくらいであって、フーコーのクロノロジーの上からは、七六年の『知への意志』に続いて七七年、七八年と二年にわたって、座談会やインタビューなど発言の機会が増えていること、そこに——こう言ってよければ——後期フーコーの知的生産力のピークがうかがえることを言っておくべきだろう。

だが、それは同時に次のことも意味しうる。つまり、たまたまこうなったものにすぎないとはいえ、こうして取り出された「一九七八年」という年は、それでもなにか特別な年、フーコーの「知」のアルケオロジーにおいてなんらかのラディカルな断絶を刻み込んでいると考えられもする年である、と。そうした不連続線のはっきりした徴候は、たとえば本『思考集成』第一巻の巻頭を飾る詳細年譜の一九七八年夏の記述に読み取ることもできるかもしれない。

七月─八月　自宅前で車にはねられ数日間ヴォジラール病院に入院。意識は失わなかったが頭部打撲の後遺症で一年近く頭痛に悩まされる。かれは一九八〇年、サルトルの葬儀の際にクロード・モーリヤックに対して、「あのとき以来、私の人生は変わった。車の衝撃があってボンネットに叩きつけられ、もうこれでおしまいだと考える時間があったんです。私は死ぬんだ。これでよし。私に異存はなかった」。

「私は死ぬんだ。これでよし」──だからフーコーは一度は、このように自分に言ったのだった。一九七八年夏、フーコーは一度はこのように死んだのだった。もちろん、ここは、フーコーの人生をドラマ化する場所ではない。だが、それにしても、一九七八年夏以来、かれの人生が、いや、少なくともかれのなかの何かが「変わった」という印象は、著作上のかれの「沈黙」とも相まって、同時代的にかれの思考を見守っていた人間には、比較的に自然なものである。この時期以降、確かにまるで光輝いていた顔の上に突然に雲の影が差したかのように、読者にとって、フーコーの思考のフィギュールが掴みにくくなってしまうのだ。まるで「早すぎた晩年」の寡黙な陰影のなかにフーコーが次第に沈みこんで行くように思われたのである。

一九七八年という年は、こうしてある決定的な断絶を刻印している、とも考えられる。そして、もしそうであれば、われわれはその断絶の直前の、ある意味ではフーコーがフーコーらしい輝きに包まれていたプレゼンスの最後の姿を、わが国に迎えることができたとも言える。というのも、この一九七八年という年は、もうひとつ別な意味でわれわれにとっては**特別**な年なのであって、それは、フーコーの二度目の日本滞在があった年だからである。

それは四月二日から二九日までの比較的長期の滞在で、東京大学教養学部ほかでの講演や、対談、インタヴュー、テレビ出演、さらには精神病院や監獄の訪問や禅寺での座禅体験など、一九七〇年のときの第一回目とは異なって、単なる講演旅行の枠を超えた「日本との出会い」が仕掛けられていた。第一巻所収の年譜によればフーコーは「数ヶ月前からこの滞在を準備し」てさまざまな文献を読んでいたという。本書に収められた発言を読んでも、随所にフーコーが日本の文化や社会状況について勉強した跡が窺われるのであって、その意味では、本書は、短い時間であったとはいえ、真正なものであった「フーコーと日本との出会い」という出来事を証言する貴重な記録でもあるのだ。

この滞在の間にフーコーが行ったインタヴューや対談、講演などの記録は、原著『Dits et écrits』が編纂されるときに、その編纂者ダニエル・ドゥフェールとフランソワ・エヴァルトの求めに応じて、本・日本語版『集成』の監修者である蓮實重彦・渡邊守章が取りまとめて送ったものである。

私事に亘ることを少しだけ書かしてもらうが、この滞在中にフーコーは、東京のアテネ・フランセで行われた『ピエール・リヴィエール』の上映会に現れて、観衆との対話に応じている。当時、大学院生だった筆者は、そのとき権力と空間との関係について質問をした記憶がある。その質問に答えて、フーコーが、先に蓮實重彦が「猿のような」と形容したなつかしい、しかし人間離れをした不思議な笑いをうかべたのを忘れることができない。七〇年来日のときの講演も、その七六年のいくつかの講演も、さらにはその後パリ留学中にコレージュ・ドゥ・フランスにおける講義も何回か聴いているが、しかし生身のフーコーと出会ったという感動は、わたしのなかでは、あの瞬間の笑いに凝縮されているのである。わたしの経験は実にささやかなものにすぎないが、しかしこのときの滞在は、多くの日本人に、それぞれ異なった忘れがたい刻印を残しているはずである。まさにフーコー自身が積極的に日本の文化に触れようとし、また、日本のわれわれもフーコーのプレザンスを通してその思考のリアリティに直接に触れることができた特異な年であったのだ。

そのほかに、この一九七八年という年で特筆しておくべきことは、秋以降のことだが、イランの政治的アクチュアリティに関する活動である。すでに本書所収の対談（No.221）で「わたしは一介のジャーナリストです」と言明していたフーコーは、文字通りジャーナリストとして、イスラム革命に揺れるイランを九月と一一月の二度にわたって訪問して「軍は大地の揺れる時に」（No.241）から「反抗の神話的指導者」（No.253）に至る各種の記事を書いている。ある意味では「近代化の拒否」とも言えるイスラム革命の実態を、フーコーは多くの取材を通して分析しながら、「マルクス主義の圏域の外で、集団的な実存に不可欠な目標がどのように成立するか」(「年譜」)に注意を集中している。

こうして、本巻には、それぞれ性質を異にする二つの出会い――日本との出会い、イランとの出会い――のドキュメントが含まれることになるのだ。

だが、それだけではない。フーコーの思考のクロノロジーの次元においては、一九七八年はなによりも「統治性」gouvernementalitéという新しい概念が登場した年である。この年のコレージュ・ド・フランスの講義は「治安、領土、人口」と題されていたが、その第一回(一月四日)にフーコーは、聴講者の意表をつく仕方で「統治性」という問題設定を導入する。その最初の方向付けは、イタリアの雑誌「アウト‐アウト」に掲載された二月一日の講義の記録(No.239)とコレージュ・ド・フランスの年鑑所収のこの年の講義の報告(No.255)に読むことができる。きわめて簡単に整理すれば、フーコーは、この言葉によって、権力の働きがもはや単に「領土」ではなく、なによりも「人口」――すなわち、後に「国民」と言われもしよう人々――を支配すること、つまり人間社会を統治することへと変化していく現象を分析しようとしている。すなわち、政治権力が、必然的に「人口」を対象としながら、一方で――知の形式としては――「経済学」を、他方で――技術的道具としては――「治安装置」(もっとも根源的な意味における「ポリス」)を通して発現してくるその歴史的な変化を名指し、分析しようとするのである。

これは、ある意味では、フーコーが「国家」の問題に手をつけたということを意味する。いや、もっと正確には、権力がなによりも「政府」gouvernementとして機能する時代の分析に着手したということである。一般的に「社会の国家化」として考えられているいわゆる「近代国家の誕生」に対して、フーコーは、まったく逆に、国家の「統治＝政府化」gouvernementalisationの分析を対置しようとするのだ。言うまでもなく、それは、ある意味では、マルクス主義的な国家観への批判でもあるし、また、フーコーなりのモデルニテ（近代性）論の基礎をなす議論への端緒でもある。「No.239」で言われているように、「国家は複合的な現実、神話化された抽象性にすぎず、その重要性は人が思っているよりはるかに限定されたもの」だということが示されようとしていたのだ。ちょうど『言葉と物』の末尾で「人間」という人間科学にとっての鍵（キー）概念の消滅が予告されていたように、フーコーは、国家という概念の消滅が予告されるようなモデルニテの批判へと踏みだしていたと言うこともできるだろう。「統治性」という作業概念は、フーコーが、『言葉と物』における人間科学における言説と表象に対して行ったアルケオロジックな分析とパラレルであるような、しかし社会の組織全体を対象とする広大なスケールの分析に着手していたことをうかがわせる、後期フーコー思想の重要な鍵のひとつなのである。

これ以外に、この巻で目立つのは、フーコーの思考の肉声を伝えるさまざまな対話や講演などである。すでに第七巻の解説でも触れられている通り『知への意志』以降、アメリカ合衆国でのフーコー受容が急速に進んでいく。その受容の特徴は、なによりも権力論が関心の中心にあることであろう。この受容史はそれ自体一個の研究対象となりうるものだが、おそらくはマルクス主義とは異なった権力論への潜在的な待望が七〇年代のアメリカに潜在していて、それにフーコーの権力論が応える形になったものと考えられる。アメリカでの新しい読者との対話がすべて権力をめぐっているのはそのためだと思われるが、いささかナイーヴとも思われる質問に答えようとするフーコーの発言のうちには、かれの思考の輪郭を鮮やかに照らし出すものもあって、はっとさせられることも多い。個人的に、筆者にとっては、ロサンゼルスの学生との対話における「わたしは爆弾としての書物を書きたいと思う」（No.221）という発言などは、本巻にあって忘れがたい閃光を放つ言葉のひとつである。

だが、フーコーの思考にとっては、言うまでもなく権力の問題は、性の問題とけっして切り離せないものであったわけで、『知への意志』の延長で、この性と権力の密接な関係そのものについては、日本滞在中の発言――とりわけ講演「〈性〉と権力」（No.233）や渡邊守章と根本長兵衛によるインタヴュー「性と政治を語る」（No.230）など――が詳しい。また、渡邊守章による長時間のインタヴュー「哲学の舞台」（No.234）は、その問題をさらに深めて権力と性の問題の共通のプラットフォームとなるのが、まさに身体と空間の関係であることを明らかにしていて興味深い。その共通の問題設定をインタヴュアーの渡邊守章はみずからの専門である演劇に引きつけようとし、フーコーは、「まだ厳密に研究したことのない」フィールドとして近代西洋社会における「軍隊」について語っている。そこには多少のすれ違いもあるが、しかし単なるインタヴューを超えた知的な対話が成立しており、ある意味では「性の歴史」も「権力の歴史」も――そして「演劇の歴史」も「軍隊の歴史」も――ともにその一部であるとも言えるような人間にとっての壮大な「空間の歴史」の可能性が垣間見られるのがスリリングである。

もうひとつ日本で行われた対話としては、マルクス主義に対する距離をどう定位するかをめぐって行われた吉本隆明との対談「世界認識の方法――マルクス主義をどう始末するか」（No.235）も、たとえばマルクス主義の基本概念のひとつである「階級闘争」に関して、フーコーが、「階級」の定義よりは、むしろそこで「闘争」とは何かこそが問題であると言って、既製の知を転覆しかねないかれ自身の視点を鮮やかに提起するところなどきわめて興味深い。この対話も東西の二人の知識人がたがいに相手の仕事への尊敬を保ちつつ、真摯に意見を交換している様が新鮮であり、もし日本における知識人のアルケオロジーなどというものが構想されるのなら、この対話はそうした空間におけるひとつの「事件」でもあることになるのではないかと思われる。

こうしてこの巻は、期せずして、フーコーの後期思想全体への「フーコー自身によるフーコー」の体裁を帯びることになった。この巻のさまざまな発言を読むことは、どんな解説書以上に後期フーコー思想への最良の入門書となるであろう。

しかも、――なんたる偶然だろうか――この巻は、ジョルジュ・カンギレムの『正常と病理』英語版への「フーコーによる序文」(No.219) から始まっているのだ。前出の渡邊守章との対話においてもフーコーははっきりと「私はカンギレムの弟子であった」と明言している。フーコーの独自な方法論は、まさにカンギレムの仕事から由来するのであり、それがかれに与えた影響は測りがたいものがある。ここではフーコーは、カンギレムの仕事が科学史にもたらした本質的な転回について、非連続性、エピステモロジー、「誤り」、概念の形成などの諸点を指摘しながら回顧しているが、それを読むわれわれ読者は、それが——とりわけ前期の——フーコーの仕事の記述と重ね合わされるような錯覚を覚えるのを禁じえないだろう。その最後にフーコーは言う——「カンギレムが、誤り、概念、生体の哲学を持ち出したのは、意味と主体と体験の哲学にたいしてなのである」と。明らかにフーコー自身の仕事もまた、この延長において「意味と主体と体験の哲学」に対して差し出されていたのだ。フーコーは言う——「認識は世界の真理に開かれているのではなく、生命の『誤り』に根付いているとすれば、主体の理論はあらたに表現されなければならないのではないか」と。そう、フーコーもまたある意味ではまったくあらたに「主体の理論」を表現しようとしたのだとわれわれは言ってもいいだろうか。もはや「真理」という言葉の射程においてではなく、「事実」と「事件」のフィールドにおいて、もっとも遠回りな仕方で「主体の理論」の「あらたな表現」をフーコーは求め続けたのではなかったか。

みずからの思想の「起源」への言及から、アクチュアルなイラン革命の現場のレポートに至るまで、個人的な「事故」の不連続線を跨ぎ越して、一九七八年という年は、フーコーという希有な存在の全貌を簡明に描き出している不思議な、劇的な年なのであった。

書評テクスト——われわれはフーコーへと回帰しなければならない

ミシェル・フーコー『これはパイプではない』

——(1985.7)

謎はいつでも《名探偵》を要求している。ここで《探偵》をつとめるフーコーはこのパイプの謎から出発して、クレーらを貫く〈西欧〉絵画の断面層を横切りさらに言葉という人間にとってあるいは世界にとっての最大の《犯行》の謎めいた空間にまでわたしたちを連れ出してしまうのである。《これはパイプではない》ともし誰かに言われたとしたら、わたしたちのまず一般的な応答は《では、いったい何なのか？》ということになるだろう。パイプではない、よろしい。それは何なのか。わたしたちは答えをまつ。先ほど《これはパイプではない》と語ったその誰かが答えてくれるのでなければならない。否定した以上は、正しい肯定を与えてくれるのが礼儀というものではないか。——ところが、その誰かは、《これはパイプではない》と言ったきりもう何も語ってはくれない。あるいは、いつまでも《これはパイプではない》と執拗に繰り返し続けるだけである。となると、とたんにすべては謎めいてくる。いったい《パイプではない》として否定された《これ》とは何だったのか。いったい何がこの指示詞によって指示されていたのか。いや、それ以前に、《これはパイプではない》としか言わないこの無作法な、寡黙な《誰か》とは誰なのか。確実だと思われたことが一瞬のうちに曖昧になり、しかもその曖昧さは限りなく透明な曖昧さだ。まるで犯行がそこで、目の前でおこなわれていることだけは確実でありながら、死体も犯人も、把えようとすればするほど消え失せ、見失われてしまうかのようである。現場に立ち合っていながら、わたしたちには少しもその場が見えてこないのだ。

実を言えば、この不思議に透明な謎は、シュルレアリストとして知られるルネ・マグリットの二枚のデッサンに見出される。二枚というのは、パイプの絵と《これはパイプではない》という断言が描かれたものと、それをより複雑にして、画架におさめられたその第一のヴァージョンとその上にもうひとつの大きなパイプを描いた第二のヴァージョンがあるからだが、あるいは《悪い冗談》として見過されてしまうかもしれないこの謎を謎として解明し、その否定と来らざる肯定とのあいだの寡黙な空間にわたしたちを案内してくれるのが、ミシェル・フーコーの『これはパイプではない』なのである。謎はいつでも《名探偵》――それに《パイプ》とは《探偵》の典型的なアクセサリーではないか――を要求している。そして《名探偵》は、なによりもまず、他の人々が見過してしまうような謎を謎として発見するものだ。だが、それだけではない。ここで《探偵》をつとめるフーコーは、まさに「言語と物」の著者にふさわしく、このパイプの謎から出発して、マグリットばかりはではなくクレー、カンディンスキーをも貫く〈西欧〉絵画の断層線を横切り、さらに言葉という人間にとってあるいは世界にとっての最大の《犯行》の謎めいた空間にまでわたしたちを連れ出してしまうのである。

マグリットのデッサンでは火が点いていなかったパイプが、ひとたびフーコーの口元にくわえられるや否や、香わしい思考の煙を吐き出す――そんな風に言ってみたくもなる知的冒険の一冊である。

――(1990.5)

ミシェル・フーコー『自己のテクノロジー』

哲学や思想の分野において、間近にその人の顔を見、声を聴いたという経験が特別な意味を持ってくるような作家などそう多くはない。その人がどのように挨拶し、どのような仕草で語り、どのように笑うのかを見て聴くだけで、なにか言い難い特異な存在を感じてしまうなどということは誰にも起こることではないのだ。そして、私にとってはミシェル・フーコーこそは、まさにアウラを感じさせた数少ない思想家であった。

早過ぎた彼の死からすでに約五年――これだけの時間の距たりを置くと、しかしかつてはただ異様さだけが際立っていたその不思議な存在感が秘めていたもの、隠していたもののほうに思いが走る。

例えば、あの甲高い声がいったいどのような魂の震えを伝えていたのか。別段、親しく話しをしたことがあるわけではないのだが、そのようなことを思う。フーコーの書物を、時代の先端に位置して輝いている思考としてではなく明確な知としてでもなく、むしろ一個の魂の震えのようなものとして読み返したいという欲求を感じはじめている。

そのような時に、この本が出版された。これは死の二年前、八二年にアメリカのヴァーモント大学で行われた《自己のテクノロジー》をめぐるセミナーの記録であり、フーコーへのインタヴューと二つの講演を中心として、それに他の参加者の発表を五篇加えたものである。真理と認識を《言説》の歴史的な編成のテクノロジーの問題として、また権力の実践を制度的な《空間》の構成のテクノロジーの問題として解明してきたフーコーが、その晩年には、《性》の問題を通して《自己》のテクノロジーというまったく新しい領域に集中していたことはよく知られている。極めて簡単に言うなら、そこではフーコーにとっての《倫理（学）》が企てられていた。結局は未完に終わったこの仕事の一部は『性の歴史』の、とりわけ第三巻『自己への配慮』に窺うことができるのだが、今回ここに訳出されたセミナーの講演においてフーコーは、簡潔な形ではあるが、それ故にかえって明確に、《自己》という新しい領域のアウトラインを描き出している。そこで特徴的なことは、《自己》が《性》の領域からはっきりと独立した問題圏を形成していることである。言わばフーコーは《性》を突き抜けた地点で《なんじ自身に気を配るべし》という《自己》の定式に出会っているのである。

だが、このように《自己》の系譜学を研究しながら、フーコーがそれをみずからの《自己》の切迫した問題として考えなかったなどということがあるだろうか。その全体の調子のなかにほとんどストア的な魂の静謐といったものを感じ取るのは、はたして私の感傷だろうか。久し振りに読むフーコーのテクストからかつての肉声の響きが立ち昇り、それがフーコー自身の不思議な《自己》に対する追想に似た思いへと私を駆り立てる。

――(1990.12)

ミシェル・フーコー『作者とは何か?』

「実際、回帰がなされるためには、まず忘却が、偶発的な忘却ではなく、なんらかの無理解による覆い隠しでもなく、本質的で構成的な忘却がなければならない」と、このなかの論文の一つでフーコーは言う。何気ない言葉だ。事実、もう十数年前になるが、この論文をはじめて読んだときには、こんな言葉に立ち止まったりはしなかった。難解といえば難解だが、しかし〈回帰〉という言葉に(当然のこととして)ニーチェの名を読み、ついで、まさに系譜学的に〈忘却〉と〈創立〉との一種ハイデガー的な結び付きを理解するのにさほど時間を要しない。フーコーは、ここでは〈作者の不在〉という問題を論じながら、マルクスやフロイトを例にあげて、彼が《言説性の創立》と呼ぶ事態、つまり《他のテクスト群の形成可能性の産出》という出来事について語っている。この創立という行為は必然的に忘却され、そしてそれこそがそこへと回帰し、その起源を絶えず差異化する多くのテクスト群を可能にするのだと述べているのである。

ところが、フーコーの死後六年になる現在、いったい誰がこのテクストを読みながら、その言葉をフーコー自身に重ね合わせないでいられるだろう。というのも、もしわれわれの時代にフーコーのいう《言説性の創立》を求めるとしたら、それは、《言説性の考古学》そして《権力の分析学》という前代未聞の言説領域を開拓したフーコーという出来事以外ではありえないからだ。フーコーは単なる思想家でもなければ、学者でも、作家でもなかった。彼は、まさにマルクスやフロイトがそうしたのと同じような仕方で、ある言説性の領域を創立したのであり、そしてそれ故に、いったいフーコーが何であるのか、われわれには本質的にいつまでも謎なのである。

そしてそれだからこそ、われわれはフーコーへと回帰しなければならないのだ。確かに、死後六年という時間は、まだわれわれに《本質的で、構成的な忘却》をゆるしてはいない。われわれはまだ、彼のテクストとわれわれのあいだに、一時的な《作者の死》ではなく、あの得意な、悲劇的な一個の死を置くことをやめることができない。われわれはまだ、彼の肉体を忘れることができないのだ。そして、それこそが、フーコーが創立した言説性がわれわれの時代においていまだに孤立している大きな原因であるだろう。

だが、言語、空間、歴史、権力、性、自己——彼が創立した言説性を貫くすべての問いは、いかなる猶予もなくわれわれに切迫している。とすれば、われわれはもうフーコーへと回帰することをはじめなければならないのかもしれない。そして、そのためには、なによりもフーコーを忘れなければならないのかもしれない。

フーコーは回帰について、また、それが「作品と作者との一種謎めいた継ぎ目に向かってなされる」ことを指摘していた。フーコー自身のこの《謎めいた継ぎ目》がなによりもある種の《死》の感覚によって支えられていたとは多くの論者が指摘している通りである。そして、その感覚が、主著である大著よりは、ここに集められた文学論の方にむしろ直接に溢れているのもまた確かである。その意味では、この本を始めとして全四巻にまとめられるフーコー文学論の《アルシーヴ》は、フーコーを忘れつつ、フーコーに回帰するための最良の装置となるであろう。

——(1992.1)

D・エリボン『ミシェル・フーコー伝』(1)

いかなる関係もそこにはないのだが、この本を読みながらいつも思い出されたのは、ボードレールがその日記に残している奇妙な言葉であった。それは、「私は、悦びと恐怖の感情をもって、自分のヒステリーを育ててきた。今では私にはつねに眩暈がある。そして今日、一八六二年一月二三日、私はある不思議な予告を受けた。痴呆の翼の風が私の上を吹きすぎるのを感じた」というものだ。

フランスのいわゆる《現代思想》の作家たちのなかでも、もっとも密度の高い、しかも開かれた知性を誇っていたミシェル・フーコーの「伝記」が《痴呆の翼の風》を思い起こすというのも奇妙なのだが、しかし明らかにここで描き出されたフーコーは、一陣のヒステリーの風、しかも嵐のような突風である。どこからか無名の風が立ち上がって、それがみるみる巨大になり、次々とまわりのものを巻き込んで成長し、そして最後には突然に過ぎ去り、消え失せてしまう――ちょうどそのようにフーコーの生の軌跡が辿られているのだ。つまり、ここではミシェル・フーコーは一個の《事件》として語られているのだと言ってもいいだろう。

実際、著者はジャーナリストである。彼は、フーコーの思想の内的な必然性を跡付けるよりは、むしろフーコーという異様な時間が、フランスを中心とした〈知〉の舞台そしてまた〈権力〉の舞台、さらには〈性〉の舞台にどのように登場し、そこでどのような出会いを得て、どのような衝撃を与えつつ横切っていったのかを――膨大な証言を集め、それを再構成するというジャーナリズムの手法を通じて――語ろうとするのだ。彼の関心は、フーコーという謎めいた、捉え難い存在に、外側から、明確な輪郭を与えようとすることにある。だが、そうすることは、図らずも同時に、一九六〇年から一九八〇年にかけての激動の時代におけるフランスの知の空間の様々な力学的構図を明らかにすることになるのである。

すでにそれだけでもこの本は充分におもしろい。フランスの〈現代哲学〉なるものがいったいどのような社会現象を通じて生み出されていたのか、これはその現場の生々しい報告でもある。だが、その点を過大に強調することは差し控えておこう。というのも、やはり最後にわれわれの胸を打つのは、こうして描かれた生の軌跡のどの一瞬においても、人間の一般的な限界を超えた、非常の強度に貫かれたフーコーの姿が見いだされるからである。そこでは、言語と肉体とが熾烈な闘いを行っている。もし彼が書くことをしなかったならば、彼は犯罪者になるか、あるいは自殺していただろう。

だが、彼の肉体がそのような非常の欲望によって引き裂かれていなかったなら、彼は書くことを必要とはしなかったに違いない。そこには極度の悦びと恐怖があったはずだ。

彼もまた《自分のヒステリー》を育ててきたのだ。そして、彼の場合は、その《ヒステリー》は《知の翼の風》となって立ち昇ったのである。〈知〉と〈痴呆〉、それが隣り合ったものであることは、もはや言うまでもないだろう。

――(1992.2)

D・エリボン『ミシェル・フーコー伝』(2)

躊躇というのではない。が、本を手にとって、一気に読みはじめるというのとは、違った接近の仕方を強いてくる本がたまにあって、わたしにとっては、これはまさにそのような本であった。

四百数十頁にも及ぶ分厚い『ミシェル・フーコー伝』――その重さを手で量りながら、これを読みたいという気持ちと、読まずにこのまま封じておきたいという気持ちとが、微妙なアンビヴァレンツを構成するのを感じてしまう。あのミシェル・フーコーの生がここに書かれていると考えることは、わたしのなかに思いがけず奇妙な動揺を生み出すのである。彼が死んだのは、一九八四年であった。それから、七年。それは、少なくともわたしにとっては、彼の人生を伝記という一個の完結したエクリチュールの対象とするのに充分なほど長い時間ではない。フーコーについては、伝記はまだあまりにも早すぎる。わたしにはそう思われるのだった。

そうではないか。どれほど偉大な人間であれ、いや、偉大であればあるほど、その人が死んで、そしてすぐさま伝記が書かれればいいというものではない。死者がほんとうの死者になるためには時間がかかるのだ。そして、伝記というものは、相手がほんとうの死者になっていなくては書かれえないものなのだ。というのは、伝記とは、もっとも深いその本質においては、死者を死者として完璧に埋葬しつつ、しかしそうすることによって逆説的に彼をもう一度生き返らせる試みにほかならないからだ。言うまでもなく、そのようなことが可能なのは、あくまでも伝記が死者の生の単なる再現ではなく、その再現を通じてなによりもその生の特異な秘密を書こうとするからである。誰の、どんな生にも、ほとんどの場合その人間にも閉ざされているような秘密がある。生とは一個の秘密なのであり、その秘密を透かし見、解きほぐすかのように書くことによって、伝記はその生をもう一度生き直すのである。

そして、フーコーほどその生の秘密が途方もない強度をもって触知されていた作家もいないだろう。エイズによる死、同性愛、反体制の闘士……そして同時に、フランスの戦後のもっとも輝かしい思想家——栄光とスキャンダルとが共存する彼の生は、わたしたちにはよく評定することのできない不思議な力に貫かれていた。だが、それだけではなく、彼の死後ますます明白になってきているることだが、彼の仕事の全体が、とりわけ合衆国をはじめとする世界的な受容にもかかわらず、決定的に孤立しているように思われるということがある。

彼の仕事は、様々な権力関係の解明にしても、言説の秩序に関する分析にしても、そして性という領域の探査にしても、確かにそれを単純に「人文科学」と呼ぶわけにはいかないが、しかしあくまでもきわめて厳密な意味における学的な一般性に対して開かれていた。一般性——言うまでもないが、それはフーコーの言葉である。乱暴な言い方をしてしまえば、フーコーの仕事のすべては、あらゆる学、あらゆる思想の根底的な基準をなしていた普遍性に対して、まったく新たに一般性という基準を対置し、それを定義することに存していた。普遍性と一般性との決定的な相違は、前者が本質的に時間を無化してしまうのに対して、後者があくまでも時間のなかに、そして歴史のなかにとどまるところにある。そして、それこそが彼がみずからの仕事に考古学（アルケオロジー）という名を与えた理由でもあるのだ。

だが、こうして開かれた一般性の空間は、奇妙なことに、かならずしも一般化されたわけではない。フーコーについての論考は多数あるが、しかしほんとうの意味で彼の後を受け継いで、歴史のなかに一般性の空間を定位しようとする冒険は驚くほど少ない。読者は多いが、しかし当然あってよいはずの「フーコー学派」はどこにも存在しないと言っていい。それはどうしてなのか。——この謎に対するわたしのとりあえずの答えは、フーコーのテクストは、一般性についてのきわめて冒険的なディスクールである以前に、なによりもフーコーという存在のほとんど狂気とも言える特異性を巡るエクリチュールなのだというものである。それは、むしろ〈文学〉と呼ばれるジャンルに属するようななにかである。きわめて厳格で中立的なディスクールの背後に、なにか狂おしい、恐ろしいような狂気があって、それこそが彼の仕事のすべての深い源泉であり、それこそが彼のテクストに異様な強度と魅惑とを与えている、そうわたしには思われた。

ミシェル・フーコーとは、わたしにとっては、特異性から一般性へと奇妙に滑らかに移行するこのエクリチュールの秘密以外のなにものでもなかった。それ故に、フーコーの《理論》を論ずるどのような書物もほとんどわたしの関心を引きはしなかった。しかし、あまりにも早く出現したこの「初の本格的伝記」を前にして、わたしは、彼の生の方からこの秘密が暴かれて、それに決定的な形が与えられてしまうのかと懼れたのである。フーコーの狂気とは何であったか、そしてフーコーとは誰であったか——こんなにも早くそれが知らされてしまうのは、なんとも口惜しいように感じられたのである。

だが、結論から言ってしまえば、わたしが感じていた懼れは無用のものであった。ということは、この本はわたしの好奇心を裏切りつつ、しかし同時にそれを補強し、そして正当化してくれたのである。

つまり、わたしは、学とも文学とも異なるもうひとつのディスクールがあることをすっかり忘れていたのだ。それは、ジャーナリズムのディスクールである。すなわち、これは、ジャーナリスト——しかも強靱な行動力と文章力を備えた良質なジャーナリスト——の手によって描かれた『ミシェル・フーコー』（原題）なのである。このディスクールは、一般性にも特異性にもその根拠を置いていない。その唯一の判断基準は、事実性である。しかも、われわれが〈社会〉と呼ぶ様々な人々、それぞれ異なった顔を持った様々な人々の空間において定義されるような事実性である。実際、著者のエリボンは、みずからの孤独に引き籠もり、そしてその孤独の底を通ってフーコーの生の秘密に侵入するような仕方でこの本を書いたのではなかった。そうではなくて、彼は、ジャーナリストでなければできないような仕方で、すなわち膨大な〈取材〉を通じて、多くの人々にそれぞれの〈ミシェル・フーコー〉を語らせることによってこれを書いたのである。著者自身の解釈や判断はできる限り抑えられている。わたしたちは随所で、著者がひとつの事実を事実として提示するだけにとどめるよう非常な努力を払っているのを見出すだろう。ほんの一例だけを挙げておけば、一九四八年の自殺未遂に言及しながら、著者が言うのはわずかに「同輩の大半はこの行為は自分たちが考えていたことの確証だと思う。彼の心理的安定はもろいどころじゃない、というわけだ」ということだけである。証言によって確証される事実の背後に踏み入って、みだりにフーコーの生の秘密の実質に触れることは固く禁じられているのである。

それは、おそらくジャーナリズムのモラルなのだろう。そして、このモラルが、早すぎる伝記という試みの危うさからこの本を救っているように思われる。つまり、それは、フーコーの生の秘密にはまったく手を触れないままで、ちょうどその陰画となるような空間を徹底的に踏査したのである。そこに浮かび上がるのは、同時代の人々によって生きられたミシェル・フーコーである。しかもとりわけ同時代のフランスを中心とした知的な圏域のなかで、フーコーが描いた独特な輝きに満ちた軌跡がどのような出会いと別れによって作り上げられていたのか、そしてそれがどのような波紋を他の人々に残したのかという記録である。このような記録は、確かにいま、この時間においてしか可能ではない。同時代という時間の層のなかで取り集めておかなければ、結局は、時代の堆積のうちで霧散してしまう無数のイメージがあるのであり、それを収集し、それを――おそらくは後代の〈考古学的な眼差し〉の幸福のために――時間の浸食に耐えるような形にして残すこと、それこそがジャーナリストの根源的な使命なのだ。

この本は、フーコーという謎を解決するのではなく、謎にこれまでにない明確な形を与えることに成功したのだ。フォルムは鮮やかだが、それ故に一層、秘密は深くなるばかりである。フーコーとは誰だったのか――この本を読んで、むしろ問いは鋭角化してくる。この本を通して、わたしたちはむしろ、《biographie》（生の書）としての来るべき、ほんとうの〈本格的な伝記〉をはっきりと夢見ることができるようになったのだ。いつの日かそういうものが書かれるであろう。だが、それまでの間は、わたしたちはまだ、フーコーの〈現在〉をドキュメントのうちに読むことで満足するだろう。というのも、わたしたちは――そして著者のエリボンもそうなのだが――まだ完全にはミシェル・フーコーが死んだことを信じてはいないからなのだ。

D・エリボン『ミシェル・フーコー伝』(3)　——(1992.3)

ドゥモンビーヌ氏「人が……ニーチェのような偉大な精神が〝狂気の経験〟をもち得る、とでもあなたは本当に信じていらっしゃるのですか?」、フーコー氏「まったくそうです」。——この本のほぼ半分のところに引用されている一九六四年におけるミシェル・フーコーの発言である。この時点で、すでに『狂気の歴史』が書かれ、『臨床医学の誕生』そして『レーモン・ルーセル』も陽の目を見ていた。『言葉と物』が出版されるのは、その二年後である。栄光と名声はまだ訪れてはいないが、しかしそれ故にフーコーの知的活動の軌跡においてはもっとも充実していた時期だと言っていいだろう。ここで、フーコーはニーチェに関して、「狂気の経験とは絶対的認識に最も近い地点である」という驚くべき発言をし、その真意が理解できないドゥモンビーヌがもう一度それを確認しようとして、このような——著者のエリボンによれば——《奇妙な対話》が行われたのである。

西欧の多くの作家・哲学者のなかで、ニーチェこそが、フーコーにとってはもっとも重要な存在であったことはよく知られている。フーコーの〈考古学〉がニーチェの〈系譜学〉の系譜のなかに位置づけられることを疑うものはいない。だが、そうした言わば外的な連関を超えて、この二人の思想家のあいだにはある本質的な類似性、きわめて内的な類似性があるのではないか。われわれが、この何気ない《奇妙な対話》に不意を突かれたように立ち止まるのは、そこではその類似性をはっきりと名付けているからにほかならない。すなわち、狂気。しかも、絶対的認識のもっとも近くにあるものとしての狂気。

ということは、ニーチェについてのこの発言を、われわれはフーコー自身についての発言として聞いてしまうということだ。そして、そうさせてしまう力がこの本にはあるのだ。実際、フーコーの誕生からその死までを、ジャーナリストに固有の忍耐強い、精力的な取材によって得られた多くの証言によって詳細に跡付けているこの本は、それぞれの事実に立ち入って解釈することは抑制しているとはいえ、しかし文字通り〈父の名〉をめぐって彼に刻みこまれたであろう父親との関係の問題からはじまって、エコール・ノルマルにおける自虐的な奇行、自殺未遂、同性愛など――本文中に引用されている〈彼をとてもよく知っている者の考え〉によれば――フーコーが「死ぬまでずっと狂気と隣り合わせ」だったことをけっして覆い隠すことなく、しかしある種の透明な距離を持って書きとめているのである。

もちろん、このようなことは、フーコーの生前にすでに誰によっても感じられ、そしてある種の仕方で知られていたことである。エリボンは、この本で、なにかこれまで誰も知らなかったような秘密を暴いたというのではない。しかし、この本は、ジャーナリズムに固有な一種の中性的言説によって、フーコーの生の公然たる秘密にはっきりとした輪郭を与えたのだ。そして、そのことによって、フーコーを読むわれわれの読み方を少なからず変えてしまうかもしれないのである。

たとえば、われわれはもはや『狂気の歴史』を西欧の古典主義時代における狂気をめぐる社会的、科学的、認識論的な制度化の歴史記述としてのみ読むわけにはいかなくなるだろう。そのような客観的な読み方は否定されないにしても、しかしもう一つの読み方、つまりそれを途方もなく遠回りの厳しい自己認識の仕事として読む仕方が同時に可能になるだろう。また、言葉、空間、死そして眼差しに関する書物であると著者自身によって言われている『臨床医学の誕生』がなによりも「個人的な経験に発生の場を持っている」ことを考慮しなくてはならなくなるだろう。つまり、われわれはフーコーの書物すべてについて、それを言説としてではなく、エクリチュールとして読むことが可能になるのだ。

狂気と隣り合った認識――それは、認識の狂気なのか。絶対的認識への欲望が、限界を超えて狂気へと突入していくのか。それとも、みずからが何であるかを認識し、定義しようとする奇妙な狂気があるのか。いや、狂気とはそもそも認識の病いなのだろうか。そして、認識――つまり学的認識――とは、それ自体がすでに一種の狂気なのか。

この本が与えてくれるものは多くあって、フーコーを中心にしたフランスの六〇、七〇年代の知的状況を織り成していた様々な人間関係の報告にも興味は尽きないが、しかしなんといっても、フーコーという特異な存在の核にあった《華やかな狂気》がくっきりと描かれたことが重要である。エリボンは、ミシェル・フーコーのあの明晰な言語とその生の狂気じみた沈黙とを、性急に一方を他方に還元させるのではなく、冷静に対比し、向かい合わせることによって、現代のもっとも輝かしい思考と言語の冒険が実はどのような深淵から立ち昇ってきたのかを、はっきりと示したのである。

第Ⅲ部　快活な自由の哲学——ジャン゠フランソワ・リオタール

いま、響く《大地》の笑い

ここでもひとつの日付を掲げることからはじめよう。

一九九八年四月二一日　ジャン＝フランソワ・リオタールの死（七三歳）

リオタールは、フランスにおけるわたしの「先生」あるいは「師」であった。制度的に大学の指導教官であったという意味ではなく、わたし自身がみずからのぞんで「師事」した「師」である。リオタールは、そのように押し掛けたわたしを受け入れ、認めてくれた。おそらく、かれにとっても、わたしは、日本人のなかではもっとも親しかったのではと思う。そして、二六歳も年上の「師」ではあるが、同時に――こう言っても「先生」は笑ってゆるしてくれるだろう――「友人」

であった。

だから一九九八年の訃報は衝撃だった。白血病を患っていることは知っていたが、こんなにも早く逝ってしまうとは……しかし、悲嘆に沈殿している余裕はなく、依頼されていくつかのメディアのために追悼文を書かなければならなかった。

それゆえ、ここではまず最初に、それぞれ語り口を変えて書いているそれらの追悼のテクストを再録したい。とりわけ「レクイエム」は、思い出の場面を映画的連鎖の手法で書いているので、リオタールとわたしとの親交がどのようなものであったかをわかっていただけると思う。

――(1998.4)

現場から主体の限界問う

二年前の骨髄移植が奇跡的に成功してすっかり元気になり、以前のように討論会や講演会にも姿を見せて発言していると仄聞して喜んでいたのに、なんと無常は迅速なことか、春はひとりの哲学者、そしてわたしにとっては師である人のひとりを連れ去ってしまった。悲しみは深い。

五月革命と呼応する思考

その混乱した悲しみのなかから、あえてリオタールのイメージを絞り込み、確定しようとすると、わたしにとっては、やはりヴァンセーヌ（パリ第八大学）のお世辞にもきれいとは言えない校舎で、アジアやアフリカからの外国人を含む多くの学生に囲まれて、ゆったりとたばこを吸い続けながら延々とカントを、あるいはアウシュヴィッツを、芸術を論じつづけていた姿に収斂していく。巨匠の一方的な講義からはほど遠く、まるで政治集会さながらの現場の熱気が充満していたあの教室こそ、リオタールの哲学のスタイルをはっきりと示す指標であったように、いまでは、思われるのだ。

というのも、リオタールの哲学はなによりも現場の哲学、より正確に言えば、まさに――先年亡くなったドゥルーズと並んで――一九六八年の《五月革命》と相関し、呼応しあう現場の哲学だったからである。メルロ・ポンティのもとで現象学を学んだかれは、その後、長い間、「社会主義か野蛮か？」という極左グループに属する活動家だった。その実践を通してかれは、マルクス主義的な思想と現象学両者に共通する「主体」の概念の根本的な限界に気がついていく。そして、その問いをあらためて問い直すために、ちょうど六八年の直前に哲学に戻ってくるのである。

リオタールの思考には、いつも《五月革命》の熱狂の痕跡が残っていた。つまり、熱狂とは、とりも直さず「主体」がその限界を超えることの経験でもあり、かれの思考が赴く先は、政治現象にしろ、芸術作品にしろ、あるいは性の経験にしろ、つねにそうした逸脱や、壊乱、飛躍が起こる場所であったように思われる。そして、かれは、その現場のなかで、現場から出発して

「主体」の限界線を問題化し、そこを漂流し、トレースし続けた。

必然性あるポスト・モダン

どこでも現場だった。芸術、政治、習俗――リオタールにとっては、たとえばカントを、ウィトゲンシュタインを論じることと、現代芸術の作品を論じることとはけっして切り離されなかった。かれは世阿弥を論じ、同時にジョン・ケージを論じた。アフリカの物語を論じ、そしてカフカ、ジョイスを論じた。一冊の主著に収斂していく体系の思考ではなく、それぞれの現場の強度のなかで思考することを実践し続けたのである。

「ポストモダン」というリオタールと結びつけられることの多い概念にしても、かれにとっては、それは単にひとつの時代の名なのではなく、「主体」についてのあらかじめ出来あがった物語に頼ることなく、それぞれの現場で、現場のなかから倫理や政治の原則を創造していかなくてはならないという必然性を言う言葉であったのだ。

だが、もしそうならば、哲学もまた、すべての現場をあらかじめ含み込んでいるような「大哲学」などはありえない。その意味で、ジャン・フランソワ＝リオタールよ、あなたはけっして「大哲学者」ではなかった。むしろ、あなたが教えてくれたのは、それぞれ特異な現場のなかで立ちすくんでいる、しかしあくまでも創造的な「小さな哲学」の生き生きとした輝きと尊厳であったとわたしは思う。

連鎖させたい「文」の営み

こうしてフランスのいわゆる「現代思想」の星座を形づくっていたきらびやかな星々の光が次々と消えて、思考の偉大な時代のひとつが終わっていくことにいい知れない感慨があるが、それとともに——リオタールがしきりに言っていたことだ——思考という「文」の営みを連鎖させなければならないという使命のこともまた思う。「文」は死をも超えて行く。そこにかれが最後まで手放さなかった哲学の抵抗、そして希望があるとわたしは思う。【📖19】

——(1998.5)

〈自由〉を探求した哲学者

フランスの哲学者ジャン＝フランソワ・リオタールが死んだ。わたしはかれの本を訳している(『ポスト・モダンの条件』ほか)が、しかしわたしにとっては、かれはなによりもフランスにおける大事な先生だった。

といっても、正規の仕方でかれの学生だったことは一度もないので——パリではよくあることだが——勝手に授業に出て、一方的に論文の指導を頼み、そしてついには、博士論文の審査までお願いしたというその顛末がよく物語っているように、国境や年齢や制度の壁を超えた人間の関係があること、つまりある種の自由のレッスンを与えてくれた師であったのだ。

パリのブロメ街のアパルトマンを訪れて書きかけの論文を見てもらったこともあるし、田舎の家に一晩泊めてもらって対話をしたこともある。思い返してみれば、なんと貴重な、わが人生における宝石のような経験を与えてくれたのだろうと、この期に及んでようやく自分がこうむった恩恵に茫然とする思いだが、すでに遅く、取り返しはつかない。

そのような個人的な感傷の強度が強く、とてもかれの哲学がどのようなものであったのか、客観的に語る心の余裕はいまはないが、しかしそれでも、たとえばかれの仕事などほとんど知らないわたしの学生たちになにか一言、どうしても言わなければならないのだとしたら、やはりかれは——戦闘的なまでに——〈自由〉の哲学者だったのだとわたしは言おう。

とはいえ、それは、サルトルがそうであったような仕方でではない。サルトルもある意味では〈自由〉の哲学者だが、しかしリオタールやドゥルーズたちの世代の哲学者は、まさにサルトル的な〈実存における自由〉が終わり、歴史的に限界づけられた時代にあって、なお〈困難な自由〉(これはレヴィナスの本のタイトルだが)を冒険することを課題として引き受けた人たちであった。別の言葉で言えば、かれらに共通して課せられたことは、マルクスとニーチェとフロイト以降、そしてハイデガー以降にあって〈人間の自由〉がどのように可能か、その哲学的な根拠の探求であったと言えると思う。

それをリオタールは、一貫して芸術的な創造の現場のダイナミズムのなかで考えようとしていた。リオタールの仕事を特徴づけているのは、芸術論の広大な広がりである。かれは、たえず芸術家がいかに哲学をしているか、そしてまた、哲学もまたある種の仕方で芸術と同じ創造であることとかを強調していた。その芸術の哲学が、マルクス主義的な政治の思想と相互に滲透しているところに、リオタールの特異なポジションがあったのだ。

かならずしも日本で哲学を専攻したわけではないわたしがかれの哲学に接近していくのもまた、芸術と政治という斜面の上であった。マルセル・デュシャン、ジョン・ケージ、マラルメ、セザンヌ、世阿弥、荒川修作、エーメ、カフカ、ジョイスなど、芸術のもっとも先鋭的な現場に降りて行き、その創造性のうちに人間の最終的な〈自由〉の最後の証を見続けようとした哲学。その快活な哲学のスタイルが芸術論を学んでいたわたしを魅惑したのである。

そう、それは快活な哲学だった。わたしは、フランスに留学し、リオタールの講義に通うことで、ほんとうに創造的な哲学が快活であることを知ったと言ってもいい。そして、その快活さこそ、制度や神話や規制に囚われていない思考の自由を証言するものであった。知というものは、鬱々として楽しまない、苦みばしった権威などではなく、軽やかな快活を可能にするものであるということ。不肖の弟子ではあるが、そのことだけは心にしっかりとめて、これまで生きてきたのだ、と思わずにはいられない。

そうであれば、いま、幽明を異にして、向こう側へ立ち去っていく先生に、精一杯の感謝の気持ちを込めて、かれがいつもそうしていたように、わたしもにっこりと微笑んで、《Adieux》（さようなら）を言わなくてはならないと思う。　【📖20】

――(1998.6)

哲学者は花を摘まない

ペール・ラ・シェーズ墓地で行われたお葬式に参列なさった清水徹先生がお便りを下さって、そのなかに宗教的儀式なしの簡素な式のなかで誰かが「リオタルディスムというものはない」と言っていたその言葉が「印象に深く残っている」と書いてらしたその通り、確かに、リオタールはみずからの思考から出発していわゆるスクールとか、主義のようなものが形成されるタイプの哲学者ではなかった。それは、わたしが別のところ(「朝日新聞」、一九九八年四月二七日)で「大哲学者ではなかった」という言い方で言おうとしたことと呼応している。かれの哲学は概念の体系の学ではなく、時代の状況――かれなら「時間の色」とでも言うだろうか――のなかで、それを横切りながらある簡明な肯定性を断言しようとする、創造的反応の哲学だったとわたしは思う。この「創造的反応」という言葉でわたしが考えることは、かれの哲学全体を「批判」という近代的なカテゴリーから脱しようとする試み、つまり「批判」というマルクス主義的な主体の図式と対になった、本質的にある否定性を含み込んだ実践の彼方にふたたび簡明な、単純な世界の肯定性を見出そうとする試みとして受け止めるということだ。よく知られているように、リオタールの思考はマルクスとフロイトから出発した「漂流」であったが、その漂流はこう言ってよければ――なによりも、世界の、ということは同時に人間の自由の、もっとも簡明な肯定性の岸辺を目指してのものであったように思われる。

その肯定性をリオタールはまずはじめは、精神分析に接近しつつ、無意識の「第一次欲動」のうちに求める。そして、あらゆる「否定」以前の、つまりあらゆる制度化以前の、その絶対的な肯定性をさまざまな政治・芸術の現場に見出そうとするのである。この試みは『リビドー経済』においてひとつの頂点に達する。というのも、そこでは哲学の文体そのものが、そうした「第一次欲動」と相応するものとなることが目指されているからである。

それから、欲動と並んで、かれにとっての肯定性のもうひとつの極である「言語」についての思考群がやって来る。すなわち「文」の哲学であり、これはカントやウィトゲンシュタインやハイデガーの哲学さらには最新の言語学の成果のもとに、いわば「文」という単純な、しかし自由の証しである出来事性によって、複雑な相貌を呈する存在論のすべてを解消してしまおうとするきわめて野心的な試みであったとわたしは思うが、思考のこの斜面においてもかれはほとんど必死で、われわれが拠るべき世界の単純な肯定性を探し、実験しているのである。こうした簡明な肯定性へと至ろうとする思考の努力は、それが学生との対話であっても、どんな対話者が相手でも貫かれていた。おそらく、リオタールほど、どんな質問にも明確にまっすぐに答えようとしたひともいないかもしれない。かれはほとんどまったく——リオタールの特有のあの悪戯っぽい笑いを伴ったユーモアあるいはアイロニーを除けば——「Aであるが、しかし同時にAではない」というような論理を使わなかった。かれに質問したひとは誰でも、自分の意図をはるかに超えるところにまで、問いが持ち来たらされて、その問いの肯定性が確証されるのに驚いてしまう。ひとつの「文」によって、世界の簡明な肯定性が照らし出されたように感じるのである。しかも、そのときかれは、けっしてあらかじめ用意していた思考を演じていたのではなかった。そうではなくて、問いの「文」が開いたその現場の深淵のなかで、「いかに連鎖させるべきか？」という思考のただひとつの真正の命に対して、全身で反応していたのである。

かつてわたしが行った対談のなかで、リオタールは「哲学とは何か？」というわたしの問いに答えて「すなわち哲学において、書くとは、それに従って文の連鎖が果たすべき規則あるいはその形成の規則が分からないで書くことです」と答えていた。規則がないところで、規則と連鎖とを同時に創造すること——そうした絶えざる創造的連鎖の希望こそ、最初から最後までリオタールがけっして放棄しなかったものである。そしてそれこそ、絶望的なシニスムにわれわれを導きかねないこの拡張された資本主義の時代にあって、人間の自由が行う「抵抗」の最後の根拠でもあるのだ。

「文」というポジションからすれば、言うまでもない、「死」は連鎖を不可能にするどころか、むしろその条件ですらある。ジャン・フランソワよ、あなたの「死」は、むしろわたしに「いかに連鎖させるのか？」という問いをあらためて顕在化させるものだ。自由において、しかし「死」を超えて引き継ぐべきこの連鎖に——もはや規則ではなく——ひとつの感情の名を与えるとするならば、わたしはあえてそれを「友情」amitiéという「約束」と名付けたいが、あなたはそれに――いつものあの微笑みとともに――同意してくれるだろうか？　【📖21】

レクイエム――anemic cinema　――(1998.7)

フランスの哲学者ジャン＝フランソワ・リオタールが死んだ。しばらく前から患っていた白血病が原因で、七三歳だった。

わたしにとっては、いかなる躊躇いもなく「師」と呼べる何人かのひとりであった。かれがわたしに与えてくれたものはあまりに大きい。だが、ここではその学恩を振り返るのではなく、ただ、わたしの記憶に刻まれた「師」の時間を、ミクロの映画としてモンタージュする。哲学においても、そのつど新しい文体を創ることを実践していた「師」を偲んで。われわれの共通分母のひとつであったマルセル・デュシャンを思い起こしながら、わたしはそれを「レクイエム――anemic cinema」と名づける。

1．（一九七七年春／ヴァンセーヌ）

殺風景で汚れたパリ第八大学の校舎のなかでJ・F（ジャン＝フランソワ）の講義が終わるのを待っていた。講義が終わったらしく、いっせいに人が立ち上がる物音と話し声がしたと思ったら、ドアが開かれてシェパードのような大きな犬が鎖もつけずに飛び出してくる。茫然としているわたしの前を犬が走りすぎ、その後を、飼い主なのだろう、ヘルメットを手にした少女が長い髪をなびかせて追いかけていく。

2.（二年後／同じヴァンセーヌ）

今度はわたしは教室のなかにいる。多くの外国人を含む聴衆が椅子に座りきれないで床にもしゃがみこんでいる。わたしの隣に、最初にJ・Fに会ったときにわたしを驚かせたあの犬が、「ラス・メニーナス」のなかの犬のように寝そべっていてもいい。J・Fは、ジーンズに白いシャツを着て、黒板の前に立ち、ゆっくりとブロンド系の煙草をくゆらしながら、カントにおける「文」の連鎖についてしゃべっている。ときどき学生の質問で流れが中断される。一度に、二つも三つも手があがることがある。一週間その問題を考えてきたわたしも言いたいことがあり手をあげると、J・Fはこちらを向いて苦笑いしながら「また、おまえか！」と嘆く。だが、こちらの発言に耳を傾けているうちに、ある瞬間に、それまでからかうような笑い顔だったのが突然、真剣な表情になって問題を考えはじめる。すると、かれがどう答えるのか、教室中が固唾を呑んで静まり返る。

3.（一九八〇年頃／パリのブロメ街）

J・Fのアパルトマンで書きかけの論文を見てもらう。アンドレ夫人が帰ってくる。J・Fがわれわれは少しお腹が空いているので「オムレツでも作ってくれない？」と頼むが、なぜか夫人は作ってくれない。

4.（一九八〇年夏／スリジー・ラ・サル）

デリダのコロックにJ・Fが来た、ということは、パリの哲学の世界ではちょっとした事件となる。J・Fやドゥルーズを旗頭とするヴァンセーヌ系の哲学とエコール・ノルマルに拠るデリダの流れとのあいだには溝があったので、ポーズ・カフェのときに誰かが「どうして来たのか？」と不躾な質問をするとJ・Fは、まったくはぐらかさずに「ある種の政治的な判断だ」と応える。

5.（一九八一年秋・ナンテール）

わたしが籍を置いていたパリ第一〇大学でのわたしの博士論文の審査。わたしの指導教官だった、これも今は亡きクロード・アバスタドの破格の好意で、J・Fとデリダの二人を審査員として招くことになった。J・Fが主査。なんとか終わって、J・Fにお礼を言うと、「おめでとう」と肩を抱いて友情のキスをしてくれる。

6.（一九八三年夏／フィレルヴァル）

もう北フランスに近い森のそばの田舎屋。石畳の小さな中庭に木が一本生えている。その庭に直接出る客用寝室に泊めてもらって、翌日、屋根裏のかれの仕事場で、長時間のインタヴューをする。「ここがあなたのアトリエというわけだ」と言うと、「その言い方は嬉しいね」と応じる。いっしょにたくさんプラムを食べる。

7.（一九八八年夏／東京）

わたしのつとめる東京大学（駒場）でゼミナール「倫理について」。そこで、たとえば、これもまた今は亡き豊崎光一氏の質問に答えて、「われわれはエクリチュールを続けなければならない責任がある。しかし、それに成功するいかなるチャンスもない」と。

8.（同／伊勢）

アンドレ夫人とともに京都に向かう途中、伊勢神宮に立ち寄り、鳥羽の宿に泊まる。黄昏の穏やかな海を眺めながら、夫婦でしばらくぶりに静かな時間を過ごしているという印象。しかし、この後、しばらくしてアンドレ夫人とは離婚。

9.（不明）

いつ、どこでだったか、――『正法眼蔵』について語り合いながら――「生が苦である、というテーゼを除けば、わたしは佛教に全面的に賛成なんだ」と言う。

10.（一九九一年春／東京）

遠山一行氏のお宅で、フランス大使もいて、なぜかモーツァルトのオペラの話しになる。わたしが「なぜフランス人はあんなに『ドン・ジョヴァンニ』が好きなんだろう」と言うと、J・Fが向かいの席から悪戯子のように眼をくりくりさせて「あとで教えてあげるよ」と言う、が結局聞きそびれてしまう。その日、デリダのコロックに参加していたこともある若い女と再婚していて、六歳の息子もいると告げられる。

11.（一九九五年夏／パリのアール・エ・メチエで）

朝日新聞の清水克雄氏の通訳として、下町にある最上階の狭いアパルトマンを訪れると、まず最初に「不思議だね、ちょっと前におまえの夢を見たところだったんだ」と言われる。アンドレ・マルローについての本を書き上げたところだった。「マルロー？……うん、なるほど」と言うと「みんな驚くんだが、おまえなら分かってくれると思ったよ」。

元気そうだった。小さな息子のためにもまだまだ仕事をするという気持ちが溢れていた。近いうちにゆっくり訪ねてみようと思っていながら、とうとうそれが最後の顔となった。

記憶の映画が終わっても、フィルムは終わらず、明るい光がスクリーンを走っている。座席から立ち上がることもできずに、わたしはひとり、もういかなる像をも結ばない光の投影を茫然と眺めている。それがわたしの悲しみの形のような気がする。

12.（fin）（J・Fが好きだった、ベートーヴェンの最後期の四重奏曲）【📖22】

この「レクイエム」の記述にあるように、わたしがリオタールの講義に熱心に通ったのは、一九七八年の秋から八一年の春までだった。そのころパリのヴァンセーヌにあった第八大学の毎週一回の講義に通うのは、ほんとうに歓びだった。

八〇年スリジー・ラ・サルで一〇日間にわたるデリダの国際コロックが開かれ、わたしは参加したのだが、そこに、——多くの人が驚いたのだが——リオタールも参加していた。

その延長線であるかのように、翌年の秋にパリ第一〇大学に提出したわたしの博士論文の審査に、デリダとリオタールの二人が副査として来てくれた。どちらも第一〇大学とは無関係である。その両人を、わたしの指導教官のクロード・アバスタドは副査に呼ぼうと言ってくれて、どちらもが快く承諾してくれたのだった。これは、当時としてまったく破格の特別措置である。日本から来た学生が三年間のパリ滞在で書いた博士論文、しかも本来はアバスタドが専門家であるステファヌ・マラルメで書く予定で、博士論文の予備論文にあたるD・E・A（Diplôme d'Etudes Approfondies）論文も「Introduction à la problématique : Le signe et le corps chez Mallarmé」（マラルメにおける記号と身体という問題系へのイントロダクション）であったから、途中まで進行していたそのマラルメ研究を放り出して、実際上はわずか一年ほどで書いた第三課程博士論文「Esquisse d'une théorie du texte-temps, sujet, événement」（テクストの理論のためのエスキス――時間、主体、出来事）。わたし自身も「エスキス」とまるで博士論文らしからぬタイトルをつけているのだが、このようなあからさまに草稿にすぎないような論文を、デリダとリオタールという文字通りの巨匠に読ませて審査させたのかと思うと、いまさらながら恥じ入る気持ちもあるのだが、制度的には指導教官であったアバスタドが認めるほどに、わたしの三年間のパリ留学は、リオタールとデリダの講義（それに、言語学者のアントワーヌ・キュリオリの講義も加えなければならない）を聴講することに集中していた。博士論文は、それらの先生の講義に対するわたしなりの総括レポート集でもあったのだ。

その第二章の理論的エスキスは、水声社の前身である書肆風の薔薇が翌一九八二年夏に刊行を開始した雑誌『風の薔薇』創刊号に「意味と出来事」というタイトルの論稿にまとめて発表した。その最後の「注記」に、わたしは、「ここでの理論的枠組みの全体は、パリ第八大学のジャン＝フランソワ・リオタール教授の〈文 phrase の哲学〉に負うところが大きい。同教授の指導に感謝したい」と記している。

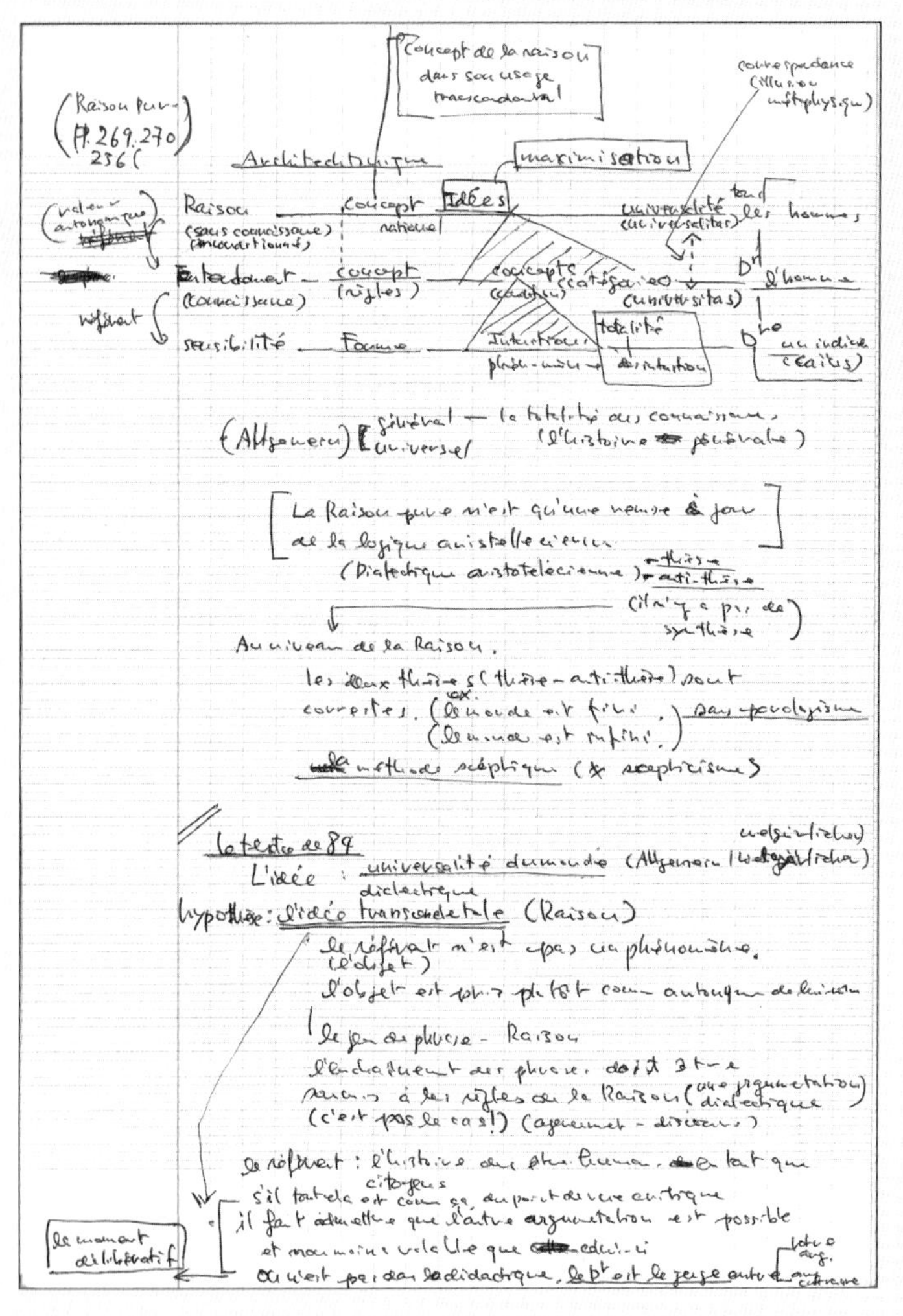

筆者によるリオタール講義のノート（1980年12月19日）。カント哲学について。

5 le 19/12/80

[illegible]

L'idée (dans la deuxième acception kantienne)

= reprise =

universalitas — universitas

concept (la raison pure)

(syllogisme)

Ma 1) une condition avec un prédicat (allgemein) (mortel)

Mi 2) un objet → condition (Caius "un nom propre") (homme)

Con. 3) l'objet → prédicat <il est mortel>

< p.e. l'intuition >

le concept — homme (avec son extension)

condition = "moyen terme" (Aristote)

↓ synthèse a priori (mortalité) (singulier (l'intention) — universel)

(la condition de synthèse de l'objet et du prédicat.)

(la question comment peut-on avoir l'intuition du possible ?)

↓ condition a priori (travail de l'entendement)

(elle ne cherche pas l'intuition)

la raison ne procède pas de même manière,

elle sature "le moyen terme",

l'universalité de concept.

la synthèse se fait déductivement, inférentiellement.
(on n'a pas besoin d'être [illegible])

Le monde, c'est une série de phénomènes,
en tant que conditionnés.
conditionné ⟺ inconditionné (pour [illegible])

paradoxe

Ici, concept = [sans intuition empirique / avec extension absolue]

• un concept conditionné par lui-même

[illegible]

Kant dit : "la condition pour raisonner, (de l'extension)
c'est une quantité absolue du concept
qui est inconditionnée."

↓ une condition inconditionnée = universalitas

Kant dit :
Dans la synthèse de l'intuition
à [illegible] (collect.) correspond la totalité des (intuitions / ~~conditions~~ / conditions)
"universitas"

簡単に言えば、意味の構造的な外的決定に対して、その決定性から逃れ、あるいはそれを撹乱していくものとして「出来事」という概念を導入しようとしたということだろう。すなわち、「出来事の哲学」である。いまから振り返ってみるなら、わたし自身はその後、十数年間にわたって（いや、いまにおいても）「出来事」――つまり「現象」ではなく「出来事」！――という軸のまわりで思考を組織しようとした（わたしの文学論集である『出来事としての文学』はそのひとつの到達であると言える）。

そのわたしの「出来事の哲学」は、この時期には、「ゲーム」という概念を中心に展開された。「出来事の哲学」としての「ゲームの哲学」であり、それをもって、わたしは八二年七月にスリジー・ラ・サルで開催された、リオタールの国際シンポジウム「Comment juger ?（いかに判断するか？）」に参加発表することになる。「Le jeu et le jugement（ゲームと判断）」と題されたこの発表原稿の要旨は翌年雑誌『風の薔薇』第二巻第一号に「ゲームの哲学――判断の問題――」として発表された。

続いて一九八六年書肆風の薔薇から、わたし自身の翻訳によるリオタールの『ポスト・モダンの条件――知・社会・言語ゲーム』が出版された。

巻末の訳者あとがきで、わたしはこの本の背景文脈について解説をしているが、最後に次のようにまとめている。

スリジー・ラ・サルにおける国際哲学コロック「いかに判断するか？」（1982年7月）の集合写真。前列中央右にリオタール，そのひとつおいた右隣に筆者。

本書の問題設定の背後には、ルーマンの《システム理論》とハーバーマスの《論議（ディスクルス）》の理論がある。リオタールはこの両者の理論を視野に収めつつ、それらを鋭く批判することによって《脱正当化》という独自の理論的展望をきりひらくのである。リオタールの観点からすれば、ルーマンの《システム理論》はポスト・モダン的現状への追認に過ぎず、またハーバーマスの《論議を通してのコンセンサス》の理論は、理念的な普遍性が現実的な普遍的同意に置き換えられているとはいえ、最終的には普遍性を価値とするモダンへの一種の回帰に陥っていることになるだろう。そして、そのどちらも、差異を認めつつ、しかし結局はそれを同一化へと回収してしまうような論理、すなわち全体化と同一化による正当化の論理に帰属していることになるだろう。

それに対して、リオタールの提起している展望は、まさにそれが物語的な展望を欠き、しかもモダンへの飽くことなきノスタルジーを断ち切ろうとしている点において、ある意味ではきわめて過激なものである。それは論理あるいは効率による《正当化》に対置されたパラロジーによる、また想像力による《脱正当化》である。それはシステムによる全体化もコンセンサスによる同一化も斥ける。むしろ限りない多様化、差異そして異質性が受け入れられなければならず、《未知なるもの》への感受性あるいはそれへの問いが確保されなければならない。というのも、それこそが、《正義》の条件だからである。【📖23】

『ポスト・モダンの条件』の刊行を記念して、雑誌『風の薔薇』でジャン゠フランソワ・リオタールの特集が組まれた。この冒頭に、わたしが一九八三年の夏にパリの北の地方にある彼の「田舎の家」に泊めてもらって行ったインタビューの記録が掲載された。本書にそれを再録する。

*

一九八八年リオタールは来日した。東京大学駒場で、わたしの司会で講演（「倫理について」）をしてもらったが、その内容は雑誌『現代思想』（八八年八月号）のために行ったわたしとの対談にも反映されている。本書では、その対談の記録を再録する。

この滞在のあいだに、リオタールは吉本隆明とも対談を行った。雑誌『Marie Claire』八八年九月号のためで、通訳はわたしがつとめた。「スピード時代の芸術――〈瞬間〉と〈永遠〉」と題されたこの記録では、冒頭、吉本の「いったいどのように資本主義から漂流するのか、あるいは資本主義に対立・抵抗するのか？」という問いから出発して、「無意識」の問題に突入し、リオタールはいわゆる「インファンス」の身体を取り上げ、吉本は「歴史の無意識」を問題にする。それを通じて、最終的には、「美や芸術」などの表現と倫理の問題を語りあう方向に展開した。もちろん、ここでは全容を追うことはできないので、最後にリオタールが芸術の倫理について語った部分だけを引用しておく。

――昔の伝統的な社会、まだ作品という概念が生きていた時代には、作品はたしかに倫理と結びついていたわけで、そこでは先ほど述べたような人間の原初的な苦痛を作品が癒し、治す機能を背負っていました。そこでは芸術作品は、つねになにか〈聖なる捧げもの〉の様相を帯びていた。それが近代、ポストモダンといってもいいのですが、とともにそのこと自体が不可能になってきました。それ以降の時代における作品はそうした希望をいっさい持たずに表現せざるをえないようになってきたと思います。そこでは作品は、つねに無限なる、果てのない、限りのないものとして現れてきており、最近言われるディコンストラクションも、ハイデガーの言う〈存在の番人としての芸術〉も、ブランショの文字通り〈限りなき対話〉という形での芸術論、無為の作品、作品からの脱出という形での作品概念の崩壊そのものが作品になっていくというような事態になっているのではないでしょうか。この作品なき作品、あるいは無為の作品、作品解体の作品は、一方では先ほど述べた資本主義社会の急速に進行する時間の問題とも結びついているのですが、同時にそれでもなおかつ、人間の原初的な苦痛を表現し続けなければならないという逆の位置ももっているわけです。つまり、われわれが生きてる資本主義社会とは、つねにそういう原初的な苦痛を忘れてしまうように要求しています。というのはこのような社会はまったく手をつけることができないし、救うこともできないからなのです。そしてわれわれがその苦痛を思い出し、それを見出すような時間をもつことを妨げるわけです。

対談が行われたのは大塚の鍋料理の店だったが、対談のあとの食事のときに吉本隆明が、チェルノブイリの原子力発電所の事故を受けたのだったか、フランスの原子力発電政策について、リオタールを鋭く問いつめていた記憶がある。

また、このときリオタールは、アンドレ夫人とともに来日していた。わたしは彼らとともに——すべてわたしがオーガナイズしたのだが——伊勢・志摩、そして奈良を経て京都への二泊三日の旅に同行した。伊勢・志摩ではレンターカーを借りて、たった三人だけの道中だったのだが、じつは夫妻はそれからしばらくして離婚するので、その意味で、かれらにとっては「ハネムーン」ならぬ「ティアームーン」の旅でもあって、ときおり微妙な雰囲気が感じられないわけでもなくて、わたし自身は複雑な心持ちだった。まったく無関係ながら、しかしわが先生の「実存」の近くにいるという感覚と言ったらいいだろうか。このときリオタールは京都の同志社大学で「崇高と前衛」を主題にした講演を行った。その講演を受けて、雑誌『Music Today』のために短い対話を行った。そこでは「起こるか？」という芸術にとっての根源的な問いをめぐって対話が行われている。わたしにとって忘れ難いこの旅の「残響」として、本書にそれを再録しておく。

リオタール夫妻と筆者（伊勢神宮にて）。

＊

リオタールの二回目の来日は一九九一年四月。今度は単身だったが、東京文化会館の招聘で「ポストモダンと音楽」というタイトルの講演を行った。この講演記録は、後日、東京文化会館から小冊子の形で公開された。そこには講演後の聴衆との質疑応答の一部も掲載されているが、リオタールの応答がかれの哲学のひとつのエッセンスを提示しているとも思えるので、ポイントをしぼってここに引用させていただく。

誰の質問であったのか、いまではわからないのだが、質問は三点にわたっていて、第一は「モダンという時代は、大きな物語が支配している時代という意味か、それともそれは認識の様式のことなのか。あるいはそのどちらでもない別のものか？」というもの。第二は「講演のなかで出来事に耳を傾ける、物質を感受するということを問題にしていたが、そうなるとこれは物質の解放という別の大きな物語への変換になるのではないか？」。最後が「だが、物質は、耳を傾けても聞えないのではないか？　聞えた瞬間に意味になってしまうのではないか？　とすれば、われわれはいかにして物質を感受できるのか？」というものであった。

［リオタールの答え］

とてもいい質問、しかし難しい質問をありがとうございました。

まず比較的はっきりしている第一の点について。ポストモダンという言葉は、建築家たち、とりわけイタリアの建築家グループが、建築における志向性の変化を言うために用いました。そこで前提となっていたのは、モダンという言葉が、ひとつのプロジェクトを示していたということです。ル・コルビュジエの建築もバウハウスの活動もモダニズムの一環でした。それらは、「解放」という「大きな物語」と密接に結びついていたのです。「解放」という点に関しては、かれらは一致していた。ただ、何を「解放するのか？」ということに関してはさまざまな立場があったのです。

ル・コルビュジエの場合は、解放すべきものは住居のなかで生活する人間でした。（……）グロピウスにとっての建築の賭金は音楽的あるいは演劇的スペクタルのための解放でした。

（……）またバウハウスにおいて問題になっていたことも、ある意味では、幾何学的な形態の解放だったと言っていいでしょう。（……）しかしたとえばカタロニアの建築家ガウディの場合は、そのバロック的な曲線とインプロヴィゼーションの冒険を通して追求されていることは、デカルト的な幾何学的な空間からの建築の解放、同時に、建築的な物質からの解放であったとまで言うことができるでしょう。

こういった多様なプロジェクトにおいて、「解放」という概念は、みずからの自由に、あるいはなにかの自由化に向かう人類の進歩という一般的な理念に属しています。重要なことは、この理念が、必然的に普遍主義的な理念であるということです。つまり、建築の例で言えば、人間存在と居住可能な空間とのあいだのあらゆる関係に対して同等の価値をもつというわけです。

建築は、そのテクストが明白で見やすいので、それに頼っているわけですが、これを別の領域に転置することもできます。

たとえば、演劇の領域では、ブレヒトがモダニストであるとして、同時に、すべてにわたってかれと対極にあるようなアントナン・アルトーのような人もまたモダニストなのです。絵画の領域では、それはもっとはっきりしています。どんな前衛のグループも、絵画におけるこれこれを解放しなければならないという表明が見られます。解放されなければならないものについては一致しないのですが、しかし「解放」が普遍主義的な価値をもつということに関してはまったく同じです。結局、このようなモダニズム芸術のうちにあるのは、一八世紀のフランス革命やアメリカの革命を転置したものであり、すなわち「解放」は、誰にとっても同じような普遍的な価値あるものと考えられているのです。

ポストモダンとは、こうしたプロジェクトが失敗したという意識、それを続けることは危険だという意識です。

もはやこれまで通りに続けるわけにはいかない。思い出しておかなければならないのは、モダニズムの一部ははっきりと全体主義と結びついたということです。このプロジェクトは危険です。それは、かなりな程度で帝国主義的です。フランス革命が帝国主義的であったようにです。つまり、それは、文化の差異、場所の差異、それぞれの共同体がもっている空間との係わりの差異というものを無視するのです。ですから、建築に戻るなら、世界各国で蔓延していくこのモダンな巨大都市というものは、その限りでは一個のカタストロフィーなのです。

では、この普遍的なもののかわりに何を立てればいいのか。特殊なもの、というのが普通の答えでしょうか。そうなるとキッチュ、装飾、引用といったそれぞれの伝統へとわれわれを送り返す特殊なものが氾濫するのをわれわれは見ることになるわけです。

わたしは、『ポスト・モダンの条件』を書いたときに、意図的にモダニズムについては語らないようにしました。「ポストモダン」という言葉はすでにアメリカの文学批評や建築理論において使われていましたが、わたしはそれをそうした文学的な意味から引き抜いて、一種の評価の価値をもつものとして用いました。すなわち、モダンの伝統から来るものをもはやそのまま続けることは不可能だという評価です。

さて、次は、物質についての質問ですが、今日のわれわれの状況――それを「ポストモダン」と呼ぶかどうかはまったくどうでもいいことですが――において、重要なこと、興味深いこと、それは結局、またしても一種の「解放」なのだと言うことができると思います。しかし、それは、芸術の物質そのものの解放、それぞれの力、それぞれの能力に従ったその解放です。

その簡潔な例をひとつお話しします。それは、なぜジョイスは、ホメロスのオデュッセイアをあのような形で書き直したのか、という問題です。あの作品は驚くべき引用の作品です。ホメロスの詩をモデルにして、ひとつひとつを書き直している。このような作品において、いったい何が言われているのでしょうか？ 重要なのは物語ではありません。冒険の物語、帰還の物語ではない。そうではなくて、言語の力、英語の力、アイルランドで話されている英語の力……でも、それはいったい何を言うためのものか？『ユリシーズ』において言われなければならないのは何か？ 主人公の物語は滅茶苦茶です。ギリシアの『オデュッセイア』の一種のパロディ。だが、重要なのは、まさにそこでは言語が言語固有の滅茶苦茶さ、一貫性の欠如が言っている、ということです。それは、ジョイスによってさらに『フィネガンズ・ウェイク』に至るまで追求される。さらに、それはもうひとりのアイルランド人の巨匠ベケットへと受け継がれて行きます。主人公の運命がどれほどくだらないものであっても、しかし単純な言葉そして文がそれだけでどれほど力をもつかを理解しない限り、われわれはベケットを理解できません。言い換えれば、ここでは、人間がそこに属していながら人間を超過しているもの、すなわちこの場合は言語なのですが、それを自由化することが問題になっているのです。同じようなことが、やはり絵画においても問題になっていると思います。人間の解放という希望は遠ざけられたとしても、しかしまだ、人間が限りなく強力なものに属していることを示す仕事は残っているということ。そうしたものが、われわれに情動性を与えてくれると思います。

わたしが「物質」と言うとき、わたしが指し示しているのは、こういうことなのです。科学的な意味での「物質」ではなく、それぞれの芸術の「物質」、その限りでわれわれの身体の組織と結びついたものとしての「物質」です。人間の眼は、その眼の組織によって、光を「色」として感じ取ります。しかし、光は、光子による場の振動で、光そのものに「色」があるわけではない。それが「色」という「物質」となるのは、あくまで眼の組織を通してです。耳についても同じです。われわれには五感が与えられていますが、そのひとつひとつに、それを記録することができるような、それによって身体の全体が働きかけられるような物質を対応させることができるでしょう。

実際、沈黙のなかで生きるのと、ホワイト・ノイズのなかで生きるのとは同じことではありません。赤い光の部屋に住むのと、青い光の部屋に住むのでは、身体の全体が受けるものはまったく違います。こういう実験がたくさんすでに行われています。

われわれはこのようにさまざまな物質とかかわっており、芸術は、それだけではないにしても、まずこのよう物質の受容の仕事に関係しているのです。では、その仕事はどのようなものか？　わたしに言えるのは、それが色、音といった物質が、われわれの身体——ということは、身体‐思考に、それがそれまで知らず、感じられないと思っていたなにかを感じさせることだということですね。【📖24】

「ポストモダン」についてのリオタールの思考の核にあるものが何であるか、よくまとまっている発言ではないだろうか。

＊

その後、一九九三年に雑誌『太陽』（平凡社）が「創刊三〇周年記念特集」として「人間の現在」The Way We Live Nowという特集を組み、マグナム写真家集団による特写とともに「世界の知性一一人による特別寄稿」を掲載した【📖25】。あえて一一人の名を執筆の項目とともにあげておくと、J・M・G・ル・クレジオ（「冒険」）、磯崎新（「都市」）、ミシェル・ビュトール（「言語」）、パオロ・ソレリ（「環境」）、ポール・ヴィリリオ（「戦争」）、ドミニク・ノゲーズ（「文化」）、ミシエル・セール（「自然」）、ジョナス・メカス（「映像」）、リュック・フェリー（「思想」）、アゴタ・クリストフ（「愛」）そしてジャン＝フランソワ・リオタール（「老い」）である。いま読み返しても傑出したすばらしい特集だったと思うが、リオタールに「老い」というテーマを振ったのには、いまさらながら感心してしまう。

依頼に答えてリオタールは短いテクストを書いた。それをわたしが翻訳した。タイトルは、なんと「大地は笑った」La terre a ri（雑誌では「大地は笑う」となっている）！ 驚くべき、不思議なテクストである。しかもリオタールはそこで自分の父親の思い出も呼び出しているのだ。これを書いたとき彼は七〇歳の一歩前だった。わたしは四三歳だった。翻訳はしたが、テクストの「意味」はほんとうにはわかっていなかった、感じられなかったのではないか。いま、わたしは七〇歳、あのときの先生とほぼ同じ歳になった。いまこそ、わたしは真に読むことができるのではないか。これは、四半世紀を超える遅れをともなって、先生からわたしに届けられたギフトなのではないだろうか。

それは次のようにはじまっている。

わたしが識った老人たちは、ときには、歳のせいで自分がしでかすヘマを前にして笑い出すようなことがあった。ほんのわずかな笑いの炸裂、というよりは笑いがこみあげてくると言ったほうがいいだろうか……スプーンが茶碗のわきの方に行ってしまう。あるいは、たまたまそこにあった女中さんの、あるいは女友達の眼鏡をかけてみると、どうしたことか、自分の眼鏡よりももっとよく見える。あるいは、耳が遠いので、話し相手の唇を行き当たりばったりに読むのだが、そうすると会話はとんでもなく突拍子もないものになってしまう。そんなとき、あの笑いの息がこぼれるのだが、それは、お分かりのように、もはや自分自身を信じていない息なのだ。それから、ふしぶしの関節がある。それは、分かった、分かった、背中のあちこちも、手足のあちこちも、これからはみんなこんなふうに、皺のなかでこちこちのままなのだと決意してしまっているのだ。

この冒頭に続いて、かれは、かれが「会った二人の老婦人」のことを語る。彼女たちが、「自分がしてしまったヘマに笑い出す」ことがあって、その音が、「彼女たちのふつうの音域よりもはるかに低い音」だと言う。そして、「身体から彼女たちの喉を通って出てくるそのどら声、それはガイアの声、大地の声なのだ」と言い放つ。

いや、それは女性ばかりではなくて、となってリオタールは自分の父親のことを語りはじめる。

男性もまた、ときには同じような吹き出し笑いをすることができる。わたしの父は、たいへん高齢で肺炎で亡くなったが、第一次大戦中、フランドルの戦いでガスにやられ、ソーム河の流域で負傷した景観があった。小柄なきびきびした勇敢な男で、八二歳でもなお働いていた。ある晩のこと、階段の踊り場でぜいぜいと喘ぐ音がした。お父さん、こんなところでどうしたの？　父はパジャマ姿のままで四つん這いになっていた。びっしょりと汗をかいていた。さあ、これでいい。なんとか父の体を起こした。父は勝ち誇ったような顰めつらをして、口をよじるようにして、苦しそうに喘いでいた。ベッドに寝かせて、寝具を直してあげた。すると父は、白内障ですっかり色の薄くなった眼を見開いて、優しい眼差しでわたしをじっと見つめるのだった。なにかわたしに話そうとしているようだったが、しかし口から吐き出されたのは、喉よりもっと低いところからやって来る、父の声とは思われない重々しい響きをもった、短くて強い息だった。

二人の老婦人そして父親。とてもささやかな個人的出来事の喚起に引き続いて、リオタールは、驚くべき思考のジャンプをしつつ次のように続けている。

湿地の縁で最初の〈藻〉が生まれたとき、大地はこの声で笑ったのだ。老婦人や私の父がそうであったように、大地は、生というものをまったく不器用な気まぐれだと判断したのだ。おもしろいが、しかし愚かなものというわけだ。そこには、哀れな連中が登場して、たえず生まれること、みずからを養うこと、生殖すること、死ぬことを心配し続けることになる。彼らの生はすべからく老衰そして年齢との取引にすぎないことになるだろう。生物の出現は、予想外のとんでもないヘマだった。大地は、腹からのどら声で笑ったのだ。

人間は年をとるが、大地は年を取らない、老いない、と述べる段落があって、そのあとには、今度は、「レルミット（隠者）」という名の猫が死の直前に家を出て「野原のレンギョウの花のもとに横たわった」という挿話が語られる。「動物たちは死ぬすべを知っている」と語られるのだ。

年老いないこと、それは、あるいはまさに死ぬすべを知っているということかもしれない。しかし、この知恵は人間たちには禁じられている。それは、なにも人間たちがほかの動物以上に生に執着するからというわけではない。そうではなくて、むしろ生のほうが、人間たちの体にしっかりとくっついていないということだ。われわれ人間の体のなかには、年齢を知らず、そして歳を取る愚かさを笑うあのどら声がある。それは〈藻〉やレルミットたち以前の大地、あるいは文以前の言語(ラング)なのだ。

「文以前の言語」、それは「言語以前の言語」だ。

言語は、それを話すものに、過去や未来の時間を語尾活用させ、誕生や死という麻薬を使うようにさせる。ほんのわずかな言葉の端々にも、絶えず昨日や明日やらを繰り広げないわけにはいかないものたちがいったいどうして、おとなしく賢く死ぬことができるだろう。彼らは、たしかに年老いていくのだが、しかしそれは動物たちのあの知恵なしになのであり、というのも彼らは、存在しないものを、つまり記憶を、予期を、そして「ポストなんとか」、「ネオなんとか」を言うことができるからなのだ。時間が人間たちを老けさせるというだけではなく、むしろ人間たちが時間――まだない、もはやない――のなかにそれを置くことによって、あらゆる出来事を老けさせるのだ。

こうして「老い」という主題は「言語」の問題へと突入する。そしてそれが、このエッセイの結論となる。

言語とは、老いを作り出すこの喪と希望の能力をわれわれに与えてくれるものだ。しかし、言語それ自体には、過去も未来もない。大地を人質に取って老いさせるのが生であるように、言語に時間的なプロットのなかに入るように強要するのは言説なのだ。あまりにも古くなってしまって――なんということだろう、言説は言う――死んでしまった言語があるのだ、と。そして、われわれが生きていると呼ぶ言語を待ち受けている出来事が何かということは分かっている……だが、生きて、そして死ぬのはあくまでも話す者であり、その話の方であって、言語ではないのだ。

言語は老いにも、疲労にもかかわりはしない。その言語がどうして死ぬことができるというのか。生きるため、生きのびるための努力が生きているものを消耗させる。人間たちにおいては、この消耗は「疲労」と呼ばれている。老いること、それはみずからの疲労と一心同体となり、みずからの生のすべての瞬間をそれと分け合うことだ。疲労はもはや努力を期待してはいない。それは、消耗を追うのではなく、消耗に先立ち、つねにすでにそこにある。日々新たに、つねに若々しくそこにある。疲労は、たまたまともに一夜をすごす愛人なのではもはやない。それは正規の配偶者なのだ。そして、それだからこそ、スプーンは茶碗を外れ、足は階段のステップを踏み外し、探すそばから日付や名前や単語が記憶から逃れていくのだ。

そのような失敗を眼にしたとき、われわれを襲ってくるあのどら声の笑い、それを吹き出すのは言語である。言語は疲労を知らない。そして、言語はなにもわれわれの年寄りじみた不器用さを待ってはじめて笑い出すのではない。それは、われわれが赤ちゃんで、話しはじめたり、歩きはじめたりしたときも、あるいは働き盛りで、おめでたいことに自分の成功を吹聴したりするときにも、まったく同じように笑っていたのだ。われわれのなかにあるなにかは、生きものとして生きているわれわれが老いていくということをつねに知っていた。そして、それは、われわれのなかで、しかしとても遠くで、こっそり笑っていたのだ。それにわれわれは少しも注意を向けなかった。だって、そうではないか、われわれはいつでも歳とともになすべき多くのことを抱えているのだから。

リオタールが、人類の誕生以前から、そして人類が太陽系を脱出するであろう遠い未来の時点までを含むきわめてスケールの大きな「時間」のことを考え、その上で、あたかもそれに対するかのように「言語」を考えようとしていることがよくわかる。まさに〈フィロソフィア〉の香りが高い貴重なエッセイだが、はたしてこれはフランス語で発表されているのだろうか。わたしの知る限りフランス語で発表されてはいないのではないかと思うのだが、実際、過去のドキュメントを探してみると、わたしが翻訳した原テクストは、「太陽」編集部に届いたファックスのコピーであった。日付は九三年三月二九日、送信元はEMORY UNIVERSITYのフランス・イタリア語学科となっている。そして原稿は手書きである。つまり編集部の求めに応じてアメリカ合衆国滞在中に書いたもののようだ。通信文の最後には、「四月二五日以降は、パリの次の住所に連絡してほしい」とあって、そこには、もはやわたしの知る一五区のブロメ通りの住所ではなく、三区マレー地区の住所が書いてあった。

＊

その後は「レクイエム」に書かれてあるように、一九九五年夏、わたしが一年間の在外研究員の資格を得てパリに滞在しているときに、朝日新聞の清水克雄氏の通訳として、新しい若い妻と幼い子どもと暮らすマレー地区の小さな屋根裏のアパルトマンを訪れた。それが最後の出会いであった。

1995年6月30日，宮本隆司氏撮影。

このとき写真家の宮本隆司さんが同行してリオタールの写真を撮ったのだが、わたしとのツーショットも撮ってくださった。宮本さんの許しを得て、わたしにとっては生涯の記念であるこの一枚を掲げさせていただく。

＊

以上、リオタールは、「現代フランス哲学」の多くの「スター」たちのなかでももっとも親しかった「師」であった。「師」は、そこに、わたしの近傍にいてくださるというプレザンスこそが決定的に重要であった。もちろん、「師」の著作を読んで学ぶのだが、しかしたとえば禅の古典テクストが如実にそれを示しているように、「師」との一見何気ない問答、やりとりのなかに、論理的な言語には還元できない「態度」の学びのようなものがあり、そこに「学び」が起こる。いや「起こるだろうか？」arrive-t-il ?——それが「鍵」なのだ。

だから、わたしがリオタールの哲学を論じたテクストは多くはない。

翻訳は、『ポスト・モダンの条件』のほかには、わたしの講義に出ていた大学院生数人が訳した『インファンス読解』に訳者代表として解説を書いているだけである。この原著は一九九一年に刊行されているが、この時期、リオタールの影響からだけではなく、精神分析を含む広いフィールドにおいて、わたしは「インファンス」という問題系を研究していた。「インファンスの光学——エクリチュールの身体」【📖26】。

このほかに、拙著所収の論稿で、中心的にリオタールを論じているものとしては次のようなものがある。「非人間的なものについて」【📖27】、「リオタールの〈arrive-t-il ?〉」【📖28】、「リオタールにおけるユダヤ的なもの」【📖29】。

哲学／西欧／歴史――リオタールとの対話

――（1983.7）

小林　ジャン＝フランソワ、今日あなたに質問したいとわたしが思っている問いは、大体において、三部に分けられます。つまり、それらの問いは、互いに連帯し合っているようにわたしには思われる三つの大きな問題設定によって編成されているわけですが、それは簡単に言えば、哲学、西欧、そして歴史ということになります。

だが、すぐさま言っておかなければならないのは、わたしの興味の中心は、むしろこれら三つの領野の一種の連帯性にあるということです。すなわち、わたしは、今日、この連帯性こそが、多様な仕方で、そして極めて鋭く問い直されていると考えていますし、われわれは、多かれ少なかれ、それらの三つの問題設定を連帯させている一種の《統一性》に対して問いを差し向けることを余儀なくされていると思います。

というわけで、まず最初の問いですが、それは極めてナイーヴな仕方で、提起される《哲学とは何か？》という問いです。すなわち《ポスト・モダン時代において哲学とは何か？》という問いです。この問いを、とりあえずわたしは二つの方向で問うています。そのひとつは、わたしとしては、あなたがこの問いに対して、簡略ではあるにしても、これまであなたが経てきた様々な立場――例えば、現象学ないしマルクス主義に対するあなたの立場――を振り返って展望することを通じて答えて戴けると有難いということです。というのも、現在までのあなたの歩んできた哲学の道を振り返ると、それが幾つかの段階――多分三つないし四つの段階だと思いますが――に、ある程度はっきりと分けられるように思われるからです。

最初の段階では、あなたは現象学者として出発したと言ってよいと思うのですが、その当時、あなたはかなりメルロ゠ポンティに近い立場にいたと思います。そしてその後、あなたは、政治的な活動に身を投じている。その段階では、あなたはむしろ活動的な《マルクス主義者》として識られています。ところが『ディスクール・フィギュール』（一九七一年）においては、あなたはすでに現象学に対して距離を置いた立場にあることが観察され、そして、その頃から、圧倒的にフロイトの影響が目立ってくる。フロイトとマルクスがあなたの固有名詞の星座の中心になっている。それは、大まかに言って、『リビドー経済』（一九七四年）まで続きます。そしてこの『リビドー経済』を契機にして、われわれはあなたがもうひとつ別の段階に入ったことを感じます。つまり固有名詞で言えば、カントがそしてウィトゲンシュタインが登場してくる。言語行為論（pragmatique）あるいは言語ゲームといった言語の問題がその中心的な問題領域を形成することになる。そしてそれはあなたの言う《文（phrase）の哲学》として結実するように思われます。

このようなこれまであなたが歩んできた道を振り返りつつ、《哲学とは何か？》――言い換えれば、現象学に対して、あるいはマルクス主義に対して《哲学とは何か？》――それが第一の方向です。

もう一つの方向ですが、《哲学とは何か？》という問いは必然的にその他の多くの二次的な問いをすでに含んでいるわけで、たとえば《哲学とは、結局言説の活動であるのか？》、また《哲学がある統一的で同質的な言説であるとするならば、そこには哲学の規定性、決定性（détermination）があるのか？》、《われわれはそのような哲学の決定性をいまだにあてにすることができるのか？》等々というわけです。こうした掘り下げの方向に対しては、哲学そのものをまさにあなたの《文の哲学》の観点から分析してみたらどうなるか、ということを提案したいと思います。

リオタール　わたしの哲学的な道程に対するあなたの記述は、大体においてかなり正確だけれども、それでもなお、それをもっと複雑化する必要はありそうです。確かに若かったときにはわたしはメルロ＝ポンティからもっとも強い影響を受けていたと思います。つまり、わたしは、彼の考え方、書き方そして彼が問うその仕方が好きだった。彼の思考は当時、言うまでもなく知覚の問題、つまり所与（donné）の問題を中心にしていました。彼は結局、この所与という神秘あるいは謎が何であるのかということを知ろうと心を砕いてた。というよりむしろ、ある不安のなかで模索していた。何かが与えられてあるということ――例えば『知覚の現象学』のなかの色彩についての、あるいは《もの》(la chose) についてのあの美しい頁は、まさにそうした不安な模索、という地平においてしか理解され得ないでしょう。『知覚の現象学』は、その見かけにもかかわらず――その見かけにもかかわらずというのは、彼はそこで心理学の研究成果、二〇年代、三〇年代にドイツで発展した実験心理学の成果をふんだんに用いているからですが――心理学の本ではない。実際は、『知覚の現象学』はすでに存在論の書物であるわけです。それは、後に『見えるものと見えないもの』においてもっとはっきりしてきます。いずれにせよ『知覚の現象学』は、そうした問題を中心としているのであって、けっして、精神はいかに働くのか、意志や自由はどのように機能するのか、という問いを中心にしているのではない。そういった問題を扱っている章はむしろ弱い、ということは明らかで、また、言語がどのように働くのかという問いもそこでは中心ではない。その点についても、今日わたしたちがその言語論を読み返してみれば、問題は適切な仕方で提起されていない、ということは一目瞭然です。言語の問題は、そこでは、知覚の問題に対するアプローチのなかに置かれてしまっている。すなわち話す主体と言語 (langage) の関係は、ちょうど知覚する主体の知覚の領野に対する関係と同じような仕方で提起されているわけです。それはとても奇妙で、しかも大変美しい。

というわけで、現象学についてのあの小冊子〔『現象学』(一九五四年)〕――それは若かったわたしにとって、個人的には一種の賭けみたいなものだったわけですが――は、確かにメルロ＝ポンティに対する愛、何と言うか、彼の文体（style）、メルロ＝ポンティ的アプローチに対する愛によって動機付けられていたわけです。その彼の文体についてはさっき、この対話を始める前にわたしたちはそれが極めて女性的であると話していたけれども、実際、逆に言えば、サルトルの文体のあの一種の《男根主義》――つまり、結局、《所与》（ものが与えられてあること）に対する根本的な無知ということですが――には、わたしはいつも深い嫌悪感を感じていました。

それで私は、メルロ＝ポンティから出発してフッサールを読んだわけです。それは言うまでもなく、大変な間違いだった。現象学に関しては、わたしはつねに、後期フッサールの思考に興味がありました。その重要性についてはレヴィナスが強調しています。つまりフッサールにおける受動注、受容注、質料（ヒューレ）という主題の回帰、つまり一種の《経験論》――フッサールにおける《経験論》とひとが言うところの問題です。

さて、その頃わたしはまだ哲学を学ぶ学生に過ぎなかったわけですが、その後、人生のいろいろな曲折を経て、極めて切迫した重大な政治的問題、つまり当時のアルジェリア問題に直面するわけです。というのも、わたしはアルジェリアで当時、教鞭をとっていたからです。それと同時に、ちょうど哲学のアグレガシオン〔教授資格試験〕のとき、わたしは自分に、自分が全く知らない二人の哲学者――トマス・アクィナスとマルクス――を読まなくてはならないと言い聞かせたわけです。

小林　マルクスは分かるとして、トマス・アクィナスですか？

リオタール　そう、カトリックの神学、その哲学についてはまったく知らなかったので、どうしてもそれを読まなければならないと思ったわけです。結局、一度も研究はしなかったのですが……。

それでマルクスを読みはじめたのだけれど、言わばそれを、《現場》で読んだわけです。すなわちアルジェリアのコンスタンティーヌのわたしの生徒を通じて、当時再建されつつあり強力に広まりつつあった新世代のアルジェリア解放運動と関係をもつようになりました。それは五〇年代のことです。それで、わたしはすぐにはっきりと政治参加することになるわけですが、そのもうひとつの状況的な理由はその地で、ピエール・スーリと識り合ったことです。彼は、政治的にはわたしよりもっとずっと様々な遍歴を経てきていて、わたしが結局はパリの《哲学的小詩人》に過ぎなかったのに対して、彼はすでに占領下のフランスにおいて抗独トロツキストとしての活動をしており、しかもトロツキズムの批判もしていたのです。当時彼とのあいだに取り交わされた議論は深いもので、それは私にはとても良い精神形成の役を果たしました。こうした経過を経て、わたしはその数年後に、《社会主義か野蛮か？》（Socialisme ou barbarie?）グループに属するようになったのです。それは、当時、スターリン主義批判を完全にやり通していただけではなく、同時にトロツキズムをも批判していたグループでした。一般的には、このグループはトロツキスト・グループと見なされていましたが、実際は、根本的にアンチ・トロツキズムのグループでした。というのも、わたしたちにはトロツキーないしトロツキストたちによって行なわれていたロシアの官僚主義批判の試みは極めて不充分であると思われたからです。つまりマルクス主義の言葉において、ソ連の支配階級の本質に対する分析をもっと精密化する必要があったということです。

そして、わたしたちは『社会主義か野蛮か』という雑誌を発行し、『労働者権力』(*Pouvoir ouvrier*)というタイプ印刷の新聞をつくって、工場の入口で配ったりしたわけです。その他にも読書サークル、情勢分析のサークル、地方や外国への刊行物の配布——そういった活動のために、他の仲間と同じようにわたしも自分の時間を全部使っていたわけです。何を書くにせよ書くことは重要ではない、重要なのは革命をすることだ、そう考えていたのです。以後一五年あるいはそれ以上のあいだ、それだけで精一杯でした。もちろんその間にも、たぶんわたしの無意識の次元では、何かそれだけでは満たされないものの様々な徴候が現われていたかもしれませんが、まあ、それは個人的なことで、語る必要はないでしょうね。

というわけで、わたしはマルクス主義者、しかもあらゆるマルクス主義者よりマルクス的なマルクス主義者だったのです(笑)。つまり、マルクス主義者＝研究者、どのようにしたらマルクス主義者であり続けることが可能であるかを探究し、ロシア革命とともに何が起こったのかを理解しようと努めるマルクス主義者＝研究者だったわけです。

つまり、それこそが大きな謎だったので——それはすでにあなたの言う第三の点、つまり《歴史》の問題にかかわっているのですが――、その謎とは、疑いもなくプロレタリアそして農民のものであったロシア革命が、いかにして二つの階級から成る社会体制を生むに至ったのか、というものだったのです。言うまでもなく、その支配階級はブルジョワジーではなかった。では、この階級は何なのか。階級発生の理論からこの階級をどのように理解すればよいのか。そこにはマルクスが分析しなかった新しい生産関係があるのか。つまり、独裁政治でも隷従支配でもブルジョワ支配でもないこの関係は何か。ロシアの工場あるいは農場で何が起こっているのか。このような官僚支配体制による社会が打ち倒されるためのどのような展望があるのか。――つまり、わたしたちは官僚主義に対する革命とブルジョワ帝国主義に対する革命という二重の課題を背負っていたわけです。当然のことながら、わたしたちは四方八方から悪くみられました。スターリン主義者、トロツキストからは叩かれ、そしてフランスのブルジョワジーは、とりわけアルジェリア問題に関しては、ありとある攻撃と妨害をわたしたちに浴びせました。わたしたちは情勢分析の作業を通じて、このアルジェリア独立運動が結局は軍人とF・L・N〔アルジェリア民族解放戦線〕の幹部からなる軍事＝政治的官僚主義にしか行き着かず、社会主義とは何の関係もない社会を生み出すことになると予測していましたが、しかし同時に、それは、国民の独立という――マルクス主義的展望においても、またもっとも古典的な啓蒙主義の展望においても――全く正当な運動であったわけで、われわれはそれを支持したのです。

このような時期が終わってはじめてわたしは研究を再開するわけですが、それは奇妙なことに

――マルクス主義についての研究は別として――、まずなによりも言語学と精神分析とを通して行なわれたのです。

言語学は、あなたが先に述べた道程では少し看過されているように思われますが、わたしにとってはつねに極めて大きな重要性を持っています。たとえ、わたしが言語学についていまだに何も知らないとしても、しかしそのときからわたしは言語学のセミナーに出席し、しかも音韻論といったかなり技術的な領域まで勉強しました。

小林　言語学というのは、どのタイプの言語学ですか。構造主義言語学でしょうか。

リオタール　もちろん。でも、それだけではなくて、実際、アンドレ〔リオタール夫人〕は言語学者なので、彼女がわたしの言語学の教師になったわけです。彼女のおかげで、わたしは言語学の理論と歴史の基礎を勉強させられました。ハリスやブルームフィールドといったアメリカの初期の大言語学者をはじめとして、マルチネ、つまり構造主義言語学、バンヴェニスト、言うまでもなくソシュール、トルベツコイ等々。それとフロイトの研究でした。

言語学の契機はアンドレによってもたらされたのですが、精神分析の方はどうして勉強することになったのか、その契機はよく覚えていない。いや、たぶん構造主義を通じてだと思います。その当時、六〇年代の初期といえば、少なくともフランスの思想界は構造主義全盛だったので、その頃はロラン・バルトも純粋な構造主義者あるいは記号学者として活躍していましたね。それで、レヴィ＝ストロースを随分読みました。この時期の終わりに書いたもの、つまりこの時期の最初の非政治的論文は、レヴィ＝ストロースについてのテクストでした。それは「インディアンは花を摘まない」と題されたものです。これは『野生の思考』のなかのインディアンの言葉から採られたものです。

小林　美しいタイトルですね。

リオタール　そうでしょう。それから、そのグループ内部で、激しい危機と分裂が起こりました。大変深刻な分裂だったのです。それはカストリアディスを中心とするグループと、他方むしろ旧マルキストと分類されていたそれほど有名ではない人々、私の友人ピエール・スーリなどを中心とするグループとの分裂でした。わたしは個人的にはカストリアディスたちが提起していた運動方針――極めて重要なものでした――を理解していましたが、しかし他の傾向の側にとどまりました。だから旧マルキストと見なされたわけです。結局わたしは分裂後のその小グループのなかで何かできると思っていたのですが、それが不可能となり、わたしはどのような堅固な方針も提案できなかった。実際はわたしはみんなで少し研究をしたかったのですが、それは受け入れられず、わたしはそのグループをやめることになったのです。それが六四年です。そのとき私はすべてをやり直し、今度は、美学という道を通ってすべての勉強をやり直そうと決意しました。

結局、それまでの一五年あまりブルジョワ的な活動として抑圧されていたもの、しかしわたしにとってはとても重要で、わたしがやりたかったことが、帰ってきたわけで、わたしは絵画芸術理論について勉強をはじめたのです。

小林　その場合の美学のなかには、すでに幾分かはマラルメなども含まれていたのでしょうか。

リオタール　いや、マラルメというのはごく若かった頃の情熱で、そのせいで——というのは一年間マラルメとヴァレリーしか読まなかったからですが——危うく哲学のバカロレア〔大学入学資格試験〕に落っこちるところでした。大学に入るためには、あまり有効な勉強ではなかったわけです（笑）。

さて、それで、わたしは『ディスクール・フィギュール』を書いたのです。本当はリクールのもとで現象学における歴史の問題について論文を書くはずだったのです。そのためにわたしはフッサールをその観点からかなり読んでいました。そして書いたものをリクールに見せました。その頃リクールもまた歴史の問題に取り組んでいて（最近でもまた再び取りあげていますが）、わたしには精神の類縁性ではないにしても——というのも、わたしにとってはリクールは結局、完全にヨーロッパ・プロテスタントの思想の伝統に属しているわけで、その当時のわたしの極左マルクス主義の精神とはまったく相容れなかったのですが——近づきやすかったのです。人柄も大変寛容だったし……。ですが、結局はその論文は書きあげませんでした。つまり最終的には、私なりの仕方で、芸術理論、芸術哲学をやることにして、デュフレンヌに指導を頼んだのです。

それが『ディスクール・フィギュール』です。それはある意味で暗い（ソンブル）本です。いま読み返してみると、その暗さに目が向いてしまう。つまり、そこでは、一方では、はっきりと、現象学を続けてゆくわけにはいかないということ、というのはそれは主体の哲学であって、フロイト以降、いや、ニーチェ以降、問題はなによりも主体なき哲学、いや主体そのものがそこで批判される哲学をどうつくるかということだということがはっきりと述べられているからであり、またもう一方では、その本の中にはマルクス主義の終焉の雰囲気が漂っているからです。この点は後の書物でははっきりしてくるのですが、ここでもすでに、著者は隠したつもりになっているにもかかわらず、それが現われている、と多くの読者に指摘され、それは私には大変な驚きでした。

　というわけで、この『ディスクール・フィギュール』という本は暗い本です。それは「いったいどうしたらいいんだろう」と言う。メルロ゠ポンティ的な所与の現象学ではもうだめだ。知覚の所与以上に与えられたものである所与、つまり無意識の所与があり、そのレヴェルでこそ仕事がなされなければならない。それこそが、メルロ゠ポンティからフロイトの方への移動であり、わたしの眼には、それは主体の哲学に対するラディカルな批判のために必要な階梯だと思われました。現象学は、主体の哲学つまり近代（モダン）哲学の究極の定式化だったわけです。だからすでにその当時、わたしのメルロ゠ポンティに対する危機的な関係を通して、わたしは近代主義（モデルニスム）を越えることを、つまり《ポスト・モダン》を目指していました。

　付け加えると、『マルクスとフロイトからの漂流』（一九七三年）は、幾つかの論文の寄せ集めですが、それは『ディスクール・フィギュール』と平行したもので、いわばそのマルジナリア〔余白〕です。『欲動機構』（一九七三年）の方は、むしろ『リビドー経済』のマルジナリアであり、いかにして主体なき存在論が可能か、という試みです。

『リビドー経済』の中心的課題は――もしそれを真面目にとればの話ですが……そしてそれが真面目に受け取られなければならないかどうかについてはわたしにも定かではない……というのも、そこにはパロディの側面があり、文体の研究があり、それがこの本を堪え難いものにしているからです……実際、評判は悪かったのですが――それは一種の《主体なき擬似存在論》、ただただ捉え難い欲動の帯の存在論の試みだったわけで、それはスピノザ的だと言ってもいいかもしれません。フロイトの無意識の理論の地下に住むスピノザというところです。それ以外のことはもう忘れてしまった。わたしも年を取ったし……(笑)。ああ、でもひとつ記憶に残っているエピソードがある。あなたもいたのじゃなかったかな。パリ第八大学(ヴァンセーヌ)の新学期のときに、七四年に『リビドー経済』が出版されたばかりのときだったけれど……だから七五年だね、七四年はアメリカにいたから。そのときわたしは自分にこう言った、「もうたくさんだ、エネルギー、対抗エネルギー、位置移動、欲動の力、凝縮……無意識の記述のためにフロイト自身も使っているこれら数々のメタファーはもうたくさんだ」と。つまり、スピノザ的でもあるエネルギーのメタファーは「もうたくさんだ」ということです。こうしたメタファーと手を切って、どうしても不可避のものだけで、すなわち言語(langage)そのものだけで、すべてをやり直そうと言い聞かせました。つまり主体なき哲学を、力学的・力動的・経済学的な問題設定としてではなく、言語の問題設定として展開しよう……。

小林　ちょっと質問をはさんでもいいでしょうか。つまりわたしの考えでは、あなたのうちには、昔から大きく言って二つの問題があるように思えるということです。一方には認識論、あるいは文(フラーズ)の哲学の言葉で言えば、記述の体系、記述文の体系があり、それは結局、ある意味で現象学ということになる。ところが今日ますます明瞭になってきたと思うのですが、現象学は本質的に倫理＝政治の次元を欠いている。つまり、現象学の枠内では倫理について話すことは不可能ではないにしても極めて困難でしょう。

リオタール　リクールは、それを導入しようとしたのだけれど……。

小林　そうかもしれませんが、いずれにせよ、それはわたしにはある種の本質的なディレンマを含んだもののように思えます。そして、またもう一方では、マルクス主義の問題設定があって、これは社会的存在、つまりはじめから間主観的な倫理＝政治の次元にその拡がりをもっているわけですね。とすれば、問題はこの二つの問題設定のあいだにどのような調停、綜合、解決をもたらすのか、どのようにこの二つのあいだに橋をかけるのか、ということだと思うのです。もしそうだとすると、ちょうどいまあなたが語ってくれた時期において、あなたは言わばフロイトを土台にして、一種の無意識の存在論によってこの二つを結合しようと試みたように思われます。つまり記述文の体系と規制文の体系とのあいだの橋渡しですね。ところが、いまあなたは「無意識のメタファーはもううんざりだ」と言って、ひとつの転回を刻んだわけですが、それは主体なき無意識の存在論によるこうした調停ないし綜合が保持し得ないということを意味しているのでしょうか？

リオタール　まったくあなたの言う通りで、簡単な例をひとつ挙げましょう。ある日、ジャン・ルー・テボーが電話をしてきて――彼とはその前に識り合って議論なども多少したことがあるという程度の間柄だったのですが――、彼は、「あなたが『リビドー経済』の著者だということで、一緒に本をつくりたいのだが……」と言うのです。そしてその理由について「『リビドー経済』を読むと、もうなすべきことは何もないという印象を受ける」と。実際、『リビドー経済』は、規則ということについては、ただ《強度》(intensité)、無意識という意味での《強度》ということを除けば何も言っていない。そして、その意味では、それは嫌悪すべき倫理……。

小林　まったく倫理的ではない倫理……。

リオタール　そう、非・倫理です。それで、テボーは、その点について、わたしがどういうところにいるのか知りたいと言うのです。そしてわたしは、まさにあなたがいま先取りして言った地点にいた。すなわち非常に多様な道、ためらいがちな道を通って、つまりアリストテレス、プラトン、ソフィスト、そしていうまでもなくカント、それからウィトゲンシュタインなどの再読を通じて、わたしはまさにそのフロイト、マルクス、そしてフッサールの残骸から出発して、存在論的記述という点において幼稚なものではなく、しかも倫理＝政治的には『リビドー経済』の例の《強度》とは違ったものであるような何かを再構成しようと試みたわけなのです。明らかに《強度》ではやっていけないわけですから(笑)。

ですから、その当時のわたしの研究の地平は、こう言ってよければ、極めて質素な哲学だったのです。その哲学の鍵は、結局のところ、こういうことです――つまり、存在とは、そのあらゆる様相において文（フラーズ）そのものである、ということ、存在、存在者とは意味を携えて出現するこの文そのものにほかならない、ということです。そして、この文のうちには、もちろん、規制の文もある。だから、倫理というものを文のジャンルのうちに見出すこともできるし、そうしなければならないわけで、そうした文のジャンルは保持されなければなりませんでした。それを抹消することが問題となっていたわけではない。政治のレヴェルについて言えば、政治とは、ある文に対する別の文の連鎖（enchaînement）をどうするかという決定であり、この連鎖そのものは決して与えられていないと考えるわけです。つまり、《決定者》には帰属しない《決定》があるということです。経済というすでにきまったジャンルの枠においてしか決定せざるを得ないという不幸な場合もある。《決定》ということは、つまりある文のあとにはつねに無数の連鎖の可能性があり、とすれば、そこで実際に現われることになる文――たとえ選択が実際に行われるわけではないにしても、この選択に値するもの――、それは存在論的に言って、すぐさま政治的問題なわけです。例えば、いま赤ん坊が泣いているとすれば、それに対して無数の連鎖の可能性があり、その連鎖のひとつひとつが政治なのです。

その意味では、古典的哲学において《自由》として主題化されていたものが見出されたことにもなりますが、しかし、これは主体の能力としての自由ではなく、むしろそれぞれの文とともにつねに開かれる《ギャップ》、《深淵》としての自由です。

こういった結論に達するまでには何年も何年もかかりました。いろいろな方向の仕事がそのためには必要でした。しかし、いつでも、そこには美学研究の側面があったのです。たとえば、デュシャンについての研究、それはわたしにとっては大変重要なものでした。というのも、現代芸術、前衛芸術は、わたしには、こうした問題についての一種の秘密を隠しているように思われたからです。デュシャンのような人は、まさにわたしがいま言っているようなことをきちんと理解していた。デュシャンについての本をわたしは『領域を変形するデュシャン』（一九七七年）と題しましたが、それは、まさに彼のすべての仕事が連鎖のモードとしての変形にかかっていると思われたからです。

小林　あなたが言っていることは、わたしにはこういうことだと思われます。つまり、存在は根本的に政治的であり、それ故に存在論と政治論あるいは政治的なものとを区別することはできないということ。あらゆる連鎖が政治的ならば、存在は深く政治的なわけですね。ところがわたしには、そのように言うことは、再び、無意識あるいは強度、欲動への要請がそうであったように、《政治》というものをある意味では抹消し溶解してしまっているように思われます。つまり、そこでは本質的には厳密な意味での倫理＝政治的な問題設定というのは遠去けられているのではないでしょうか。

リオタール　そうかもしれないが、しかしひとつだけ付け加えておきたい。存在、そしてあらゆる文に伴いその連鎖を待っている無が政治だとただ言うだけでは、それは政治というものを結局は溶解してしまうことになるのは確かです（この点についてはすぐにまた触れます）。しかし、それは、連鎖において問われていること、連鎖の地平がまさにアリストテレスが言ったように《よく生きること》（le bien-vivre）、《ともによく生きること》である限りにおいて政治的なのです。ということは、一般的な《市民性》ということです。

《ともによく生きる》――つまり政治というジャンルに固有の目的性（finalité）です。

しかし、そのうえで、あなたが言うことは間違ってはいないと思う。つまり、年をとったいまとなっては、わたしは自分がつねに政治というものを無用にしたいという欲望を持っていたのではないかと考えるわけです。政治というものと手を切るという欲望――それは『リビドー経済』でも部分的には言われているのですが、しかしわたしはそれなりの仕方で、もっと微妙な仕方でやりたかったのです。そのうえで、おそらくそれこそが、つまり政治を終わらせようと望むことこそが、少なくとも西欧における政治的なもの（le politique）であるかもしれないのですが……。

小林　ということは、逆に、政治的なものをあらゆるレヴェルに、至るところに見出すことであり……。

リオタール　そう。

小林　だとすれば、そう言うことによって、あなたは幾分かはハイデガーに近付いているというように言えないでしょうか。明白な形で言われているわけではないにしても、わたしはハイデガーをそうした方向で読むことができると思っているのですが……。現存在の現《Da》をはじめとして幾つかの分析を、ある種の読解を通して……つまり、文としての存在という、いまあなたが出した定義というのは、ある曲折を経て、ハイデガーの現存在へとつながるものであるように思うのですが……。

リオタール　いや、わたしとしてはそうは言わない。確かに、ここ数年ハイデガーのテクストの読み直しを行なっていて、例えば『存在と時間』そして『言葉への途』、つまり言語についての論考ですが、それはわたしには大変重要な意味をもっています。特にあの日本人との対話〔「ことばについての対話」〕は素晴しい論考ですね。わたしはその論考には極めて強い親近感を感じました、奇妙なことですけど……というのは、わたしはむしろウィトゲンシュタインの方から言語の問題に接近したわけですから……。しかし、とはいえ後期ウィトゲンシュタインそのものも、そこから経験主義や人間学主義（アントロポロジム）の覆いを取り払えばそのようなものとして理解されるべきでしょう……だが、そのとき問題となるハイデガーは、『存在と時間』のハイデガーではない。というのも『存在と時間』はいまだに余りに人間学的過ぎるからで、それはその点では、わたしの関心の対象とはならないからですが……。

小林　その点はよく分ります。

リオタール　ところが後期のハイデガーは重要な意味を持っている。というのは、そこには、言語（langase）こそがわれわれの主人であり、われわれが言語を使うのではないということについてのはっきりとした認識があるからです。つまり、最終的には存在の真の名は、彼自身が言う《Die Sage》〔言白〕――フランス人はそれを《la dite》と翻訳していますが（これはあまりいい翻訳ではないが、しかしいい翻訳などないわけですから）――であるという認識です。それはひとが普通、《langage》〔言語〕と呼んでいるものなのですが、しかしそれはけっして《langage》としてみずからを与えることない。つまり《言語》とは《言語》について語る言説のレフェランなわけですが、ハイデガーが語ろうとしている《言語》は何かについて、つまり《言語》について語る《言語》のなかにあるものです。それはレフェランの側にあるのではなく、生成しつつある文（phrase）の側にある。それは文の謎であり、文という出来事なのです。

小林　わたしは、それは一種の《呼びかけ》（appel）あるいは《要請》（demande）というふうに言いますが……。

リオタール　そう言ってもいいでしょう。そして実際それを介して、われわれはメルロ＝ポンティの言語についての記述、その弱さといったものに出会うことになる。そうなのです。つい最近、ドイツ人のわたしの学生クレマンスが、このところわたしの書くものにはますます存在論のレフェランスが多くなってきている、と言って驚いていたけれど、それは私が哲学者であることを決意したからなのです（笑）。

小林　そこで、わたしの最初の問い「哲学とは何か？」に戻りましょう。哲学者であるとはどういうことでしょうか。

リオタール　それはまずみずからの言説の規則を探究しつつ書くこと、そして話すこと。あなたはわたしの講義にずっと出席していたわけだから、そのあたりのことはよく分っているでしょう。すなわち哲学において、書くとは、それに従って文の連鎖を果たすべき規則あるいはその形成の規則がわからないで書くことです。たとえば悲劇を書くときには、たとえ現代においても数多くの制約があって、それを引き受けて書くわけでしょう。その制約のなかには極めて基本的な――たとえば人物、舞台、等々といった制約がある。基本的なものから凝ったものまで様々な規則があるわけです。それが言説のジャンルを決定しているわけです。そうした規則に沿って、そして――それ自体がどういうものであるのかよく分ってはいないにしても――ある目的に沿って、書くわけです。こうして少なくとも悲劇というものの言説の地平がある。ところが哲学の場合は、ひとは、そのジャンルの制約がどのようなものであるのかまったくわからないままに、書きはじめるのです。なぜなら、それはジャンルではないからです。哲学的思考あるいは考察が、様々なジャンルの鋳型のなかで行なわれるということは明らかです。哲学的日記、哲学的書簡、哲学劇、哲学的エッセイ（デカルトのような）叙説、ノート……。

小林　物語もありますね。

リオタール　そうそう、哲学的物語や小説など……つまりあらゆるジャンルが可能で、エクリチュールの側からすれば、哲学固有のジャンルの制約はないということになる。といっても、規則なしに書くことはできないわけだから、哲学者は他の人々によって試されたジャンルを借用しなければならないということになるわけです。そのうえで哲学的なものとは、まさに規則そのものを問うということにほかならない——それが哲学の特殊性です。

だから今日では、哲学者であるとは普通には思われていない人々が哲学者として再認識されるということがある。たとえば、ジョイス、ガートルード・スタイン、あるいはもっと古いところではスターンみたいな作家——彼の『トリストラム・シャンディ』は、まさに時間とエクリチュールについての素晴らしい哲学の行為だと思う——そして、あるいは近いところではビュトールなど……だから哲学の規則とは……。

小林　規則を探すこと、というわけですね。つまりそこではもはやわれわれは哲学と芸術とを区別できないということになる。それはよく分かります。

しかし、同時に、わたしは哲学には、西欧哲学には、少なくともひとつの制約があると思います。それは、他のすべてを支配している「……とは何か」（Qu'est- ce que...?）という問い、そのような文の一タイプです。これは記述への要請にほかならないわけですが、もちろんそれはレフエランとしての対象の記述への要請ではない（それは一般的な科学の仕事でしょう）。すなわち哲学は少なくとも記述的でなければならないのであって——たとえそれがメタ記述であるとしてもです——、つまり、哲学においては直観可能なものの記述ではなく、ア・プリオリには直観可能ではないものの記述が問題となるわけです。言うまでもなく、それは規則であるのかもしれない、おそらくそうでしょう。つまりここでは、まさにあなたの言う《連鎖》の規則が問題になっていると言ってもいいでしょう。だが、いずれにせよ、このあらゆる記述を超えた、つまり記述可能性を超えた記述への執拗な要請、呼びかけこそが、これまでのすべての哲学の営みを統御し、規制していたわけで、そこには哲学というものの本質的な政治性があるのではないでしょうか。

リオタール　あなたの言うことには全面的に賛成できると思うのだが、それでも一点、いや二点ほどあなたが言ったことを補っておきたいと思います。

最初の点だけれど、あなたが言うように、西欧哲学の伝統を支配する一群の文がありそれが記述的な文であるということ、そこでは記述しえないものの記述が問題となっているということ――これらのことは正しい。しかし、その記述はつねにメタ言語のレヴェルにあるということを忘れてはいけない。というのは、仮説として言えば、哲学者とはつねに、良かれ悪しかれ何らかの形ですでに定式化されているものについて書くわけで、その点においては、彼はつねにメタ言語のレヴェルに位置しています。ところで、メタのレヴェルは、構成上、つねに記述的です。メタ疑問、メタ命令などというものはない。だから、その意味ではあなたが言うように、記述が哲学の必然的なジャンルを構成しているという考えを受け入れることができます。しかしわたしが言いたいのはだからといって、メタというのは上位にあって、その文が決定力を持っているというわけではないということです。それは上から他の文を支配しているわけではない。たとえばドゥルーズあるいはデリダの仕事において、重要なのは、メタというのはそれが記述しようとするものに内在的であるということを示したことにある。それ故に、与えられたもののレヴェルとメタのレヴェルとのあいだで絶えることのない研究の道が開かれているわけで、それはアリストテレスにおいてもすでにはっきりとしている。

小林　その点はよく分りました。わたしとしても、わたしが言った記述への要請というのは、必ずしも、あらゆる文を包み込み、支配するようなメタ言語の体系を構築することだと考えているわけではないので、もしそうなれば、それは……。

リオタール　ヘーゲル……もっともヘーゲルのある側面ということになる……。

小林　そうですね……ともかく、われわれのポスト・モダン時代というのは、まさに、あらゆる所与から超越しそれを支配、制御するような、絶対的体系としてのメタ言語がもはや可能ではないという感覚とともにはじまっているわけです。そのような考えはもはや維持できない……。

リオタール　というのも、それこそまさに主体の哲学に属する考えだからです。というのは、所与の直接性において与えられたすべての言語活動を説明する大システムを構築しようという考えは、そのような言語活動の全体性を引き受け支配することのできるような主体を前提としているからです。それこそが問題であって、たとえばフロイトの重要性というのは、まさに彼が、主体はみずからの文の全体性をすら支配することはない、ということを示したところにあるのです。文は文字通り、手つかずのままであるのです。どれほど長い分析を繰り返してもある文と決着をつけることはできず、とすれば、文の全体に対する支配力をもった主体ないしメタ言語という考えは、もはや実際はイデオロギーにほかならないのです。

この点についてはだからお互い了解したわけです。それで先程あなたが述べたことに対する第二の問題について話しましょう。それは、あなたの言う《政治》の問題です。というのは、わたしはあなたほどには、このような記述の探求がそれそのものとして政治的であるということについては確信がない。それが、なぜ、すぐさま美学的となるかということはよく分る――というのも、少なくとも西欧のここ一世紀余りのすべての前衛芸術家は、まさに示すことができないものを示すことを試みてきたわけですから。美術にしろ、音楽にしろ、あるいは建築にしろ……だからその意味では前衛芸術の探求と哲学の探求との親近性ははっきりと分ります。けれども、政治的であるということについては、それほどはっきりしていない。すなわち、政治的なものには、それなりの地平があって、それはなによりも――先程も言いましたが――、《ともによく生きること》だからです。

小林　しかし、先程はあまり説明を加えないで言いましたけれども、わたしが政治的というのは、いわゆる《政治》ではないわけで……《……とは何か》という記述の要請、そして記述的文の連鎖の要請は、もしそれが何らかのテロス（télos）つまり目的性の枠のなかに位置しなければ可能ではないはずです。そこにはある種のテロスの構造があって、そのテロスの構造を通じてはじめて、わたしが最初に述べた哲学と歴史との共犯ないしは錯綜関係が現われ、その共犯そのものがある意味では西欧であると言えるのではないか。そして、そうした構造を、とりあえず他に言い方がないものですから、《政治的》というようにわたしは言うのですが……。そのテロスはあなたの言うようなアリストテレス的な《ともによく生きること》には還元されないようなテロスであるかもしれませんが……。

リオタール いや、まさに、目的性こそが、それぞれのジャンルを規定しているのであって、目的性を抜きにしては言説の編成は考えられないのです。つまり、言説の生産というのは、ある重大な問いに対する答えを提出することによって連鎖をつくりあげるので、たとえば司法的な言説においては、それは立証する（convaincre）こと、つまり有罪、無罪を実証することであり、議会における政治的な言説においては、説得する（persuader）ことです。この二つは全く異なったジャンルです。また演劇においては、アリストテレスが言ったように、感動させること、共感そしてカタルシスを喚起することです。だからあらゆる言説はある目的性によって秩序付けられ、その目的性はまさにテクスト連鎖の手続きによって獲得される。それがジャンルのテクノロジーなのです。そのテクノロジーは変容し得るし、絶えず変化しているけれども、しかしどのような言説もつねにこのような目的性のうちに登録されています。だが、それは政治（la politique）ではない。

小林 いや、政治（la polistique）ではなく、政治性（le politique）を問題にしているのだけれど……。

リオタール うん、おそらく……でも、政治性というのは、どういうことなのか、わたしにはよく分らない。

小林 ただ、あなたが言う、テクスト連鎖のことをわたしは考えているのです。ただし、記述的文から別の記述文への連鎖というのではなく、ある記述から、ある種の実践への移行としてのテクスト連鎖のことです。

リオタール　つまり、実践あるいは実行への移行……。

小林　そうです……そのような移行そのものが、ある仕方で哲学のなかには含まれているはずであって、そうでなければ哲学には意味がなくなってしまう。哲学というメタ記述は、それなりにみずからの言説のテロスを記述から実践へという仕方でもっているわけです。ところが、その移行は、それそのものには不可能であるということを、あなたは示したわけです。つまり、不可能としてのテロス……。

リオタール　いや、それは可能なのだが、しかしそれを考えることは極めて困難だということですよ……それが可能だと言うのは、それは、毎日毎日行なわれているわけだから……。

もう少し抽象的でない仕方で話をまとめてみよう。たとえば、もし西欧というものの特徴である自由主義的な――民主制と言われているけれどそれは間違いで、むしろ本当は、ローマ的意味で共和制と呼ぶべきでしょうが――政治の組み立て（agencement）、その機構を検討してみると、驚くべきことは、そこに無数の多様な、目的性を異にするジャンルが組み込まれているということです。それらの多様なジャンルが、不可解なアッサンブラージュを形成している。わたしは、共和的意味での政治というのは、必ずそこに、《ともによく生きる》とは何かという問い、そして現状はどうであるかという現在の記述への問い、そして第三の問いとして、概念よりはむしろ想像力に属する「どうしたらいいのか」という問い、すなわち現代の言葉で政治のシナリオと言われるもの、つまり戦略等々を決定する作業が含まれていると思う。そしてまたそこには、議論あるいは説得という、われわれが先程語った要素も入ってくる。つまり、シナリオをつくるだけでは駄目で、そのシナリオを勝利させなければならない。そうでなければ、それは思弁的ではあっても政治的ではないわけです。ここには、アリストテレス以来のすべての弁証論（トピカ）、分析論（アナリティカ）そして説得のためのレトリックが組み込まれている。

　こうして、政治的実践と言われているもの——ただし《実践》(pratique) という言葉は不適切で、というのも、それは、これらすべてのジャンルを実践する主体があるということを前提としているように思われるからなのですが……固有名詞があるにしても主体はいったいどこにあるのか?——においては、非常に多くの異なったジャンルの文が連結されているのです。そのことは、この共和的政治機構を、ひどく脆い不安定なものにしている。そこでは、テクスト連鎖は成立しない可能性がつねにあるわけで、それこそが共和制の生なのです。けれども、同時にそのことは、共和制をわれわれの哲学のテクスト連鎖の問題に近付けます。というのも、そのような共和制のジャンルの内部でこそ、存在というものが言語であり連鎖である、ということがはっきりと感じられるからです。わたしとしては、こういうふうに言いたいのです。

〈西欧〉について

そして、そう言うことによって、あなたの西欧についての問いに答えていることになると思います。というのは、ギリシア人たちが共和国と言い、ポリテイアあるいは市民性と言ったこのような政治機構は、理想的には、すべての人間はひとつの中心から等距離の円周にある、すなわち法の前において平等であるという理念によって形成されているからです。そして、ここでは中心は空虚である。つまり、誰もその中心を永久に占有する権利を持たないので、もしそういうことがあれば、それは専制主義になってしまう。各人は中心にやって来て、そこで語る……統治者あるいは決定者として語るけれども、そのあとではまた円周へと戻ってゆく。この中心の空虚は、まさにわたしにとっては、すぐれてひとつの文と他の文とを分かつ無のシンボルです。つまりそれは絶えず言語につきまとっている存在の欠如の、共同体という枠における再現なのです。その欠如はまさに存在そのものです。というのは、存在はもちろん存在しそこなうわけですから……。このことは、多分、西欧にとってはとても重大なことだと思う。それに、それこそが他の様々な事柄、たとえば経済に対する障害にもなっている。

小林　その西欧に対する問いを、もし別の形で、より具体的に提起すれば、例えば「アウシュヴィッツとは何であるのか？」……あなたは何年も前からアウシュヴィッツについての講義を予告していて、しかし、パリ第八大学（サン・ドニ）でもいまだこの主題は採り上げられていないわけですが……すなわち、西欧の歴史において、また同時に非西欧にとって、この固有名詞……あなたが歴史の《徴》（signe）として語っているこの固有名詞、すなわちあらゆる固有名詞の抹殺のこの固有名詞はいったいなんであるのか？

もっとも、西欧と非西欧という分割自体がもはや関与的ではないのかもしれません。西欧は——すなわちプロ＝グラム（pro-gramme）としての西欧は、——その計画（projet）をある意味では、地球的規模ですでに成し遂げてしまっているのかもしれないからです。そのプログラムとしての西欧の計画は、今日においては、その二つの形態、つまり資本主義とマルクス主義というその二つの計画において達成されているのかもしれない。その二つの形態は、本質的に西欧に属するある同じ起源から生じてはいないでしょうか？　これはもちろん、そう簡単に言えることではなく、性急さは承知のうえなのですが、このようなパースペクティヴについて、あなたはどう考えますか？　また、こうした歴史のなかでアウシュヴィッツとは何であったのか？

リオタール　言うべきことがたくさんありますね。あなたの言いたいことはよく分ります。資本主義とマルクス主義が西欧のプログラムであったということに疑いはないのですが、しかしたとえば資本主義については、それが大きな問題となっています。いや、あなたの言葉をそのまま借りれば幾つかのプログラムがあった。最大のプログラムは、しかしやはり啓蒙という計画でした。フランス革命、アメリカの独立等々です。それは政治的な計画でなによりも……まあ性急さは承知でこう言っておくとして……国民の至上権を保証するような共和制をモデルとした政治的組み立てを樹立することだったわけです。その意味では、このプログラムについては地球的な規模でそれが成功したとは思われない。つまり、いわゆる西欧諸国とひょっとして日本を除いては、この共和制というプログラム、すなわち単純化して言えば、市民の権利と権威の源泉としての市民、という考えが定着したようには見受けられず、つまり、ここには共和的プログラムの普遍化の失墜がある。ところが、そのプログラムは、その仮定からして、普遍的であるべきものだったわけです。というのは、権利の宣言において主張されたのはまさに市民としての普遍性だったわけですから……つまり、市民とはけっして具体的な存在ではなく普遍的な存在なのであって、極限的には、誰も自分が市民だと言うことはできないのです。

いずれにせよ、もっと経験的なレヴェルで考えてみても、現在の諸国家の法制度、ましてやその政治的実践は共和的なものからまったく隔っています。人間の権利は踏みにじられ、その限りでは西欧はまったく失墜してしまっている。そしてそれは、西欧が多くの地域で共和的ではないような諸体制を支えるということによって、いっそう失墜の度が増しているわけです。

マルクス主義について言えば、それは言うまでもなく啓蒙のプログラムに属しています。違いは、マルクス主義においては権利の根拠、権威の源泉はもはや市民ではなく——市民というのはマルクス主義の観点からすればブルジョワ的カテゴリーに過ぎません——労働者にある。マルクス主義が拡まったその基盤にあるのはプロレタリアという観念です。そのうえで、マルクス主義は世界全体において勝利したでしょうか？　どうもわたしにはそうは思われません。むしろ事態は逆で――それこそかつてわれわれのグループがきびしく批判したことなのですが――、ロシアにせよ中国にせよ、また他の多くのマルクス主義を名のる国々にせよ、マルクス主義はむしろ部分的にではあれ、啓蒙の思想と断絶するためにこそ機能しています。

そこでは、勝利しているのは、むしろテロルの体制です。しかも、それはあまりにもナショナルな枠組みのなかで展開している。それこそ、スターリニズムの大問題だったわけですが、つまり、一国だけで革命ができるのかどうかということです。マルクスにとっては、一国革命が意味を持たないことは明白です。というのも、革命とはブルジョワ市民に替わる歴史の主体としてのプロレタリアによる権力の奪取であり、プロレタリアとは一国のプロレタリアではないからです。プロレタリアはプロレタリアとして全国家のプロレタリアである。ということは、中国のプロレタリア、イタリアのプロレタリアということになれば、それはもはやプロレタリアではない。それは、単なるそれぞれの国の労働者階級にほかなりません。いや、労働者階級の代表に過ぎないのです。結局、このような理念的なレヴェルにおいても、マルクス主義の拡大というのは徹底して、ナショナリズムあるいは民族解放という枠のなかでしか機能しなかったわけです。

小林　それこそ、わたしの考えではまさに、マルクス主義が究極的には啓蒙主義と同様に、深く主体の哲学に属していたからだと思われますが……プロレタリアという名でそれが呼ばれようと、結局は、マルクス主義は歴史の主体の哲学であり、主体を前提としている。しかし、それとは反対に、ある意味では資本主義は主体を前提としないで済んでしまうのです。

リオタール いや、わたしはまだ資本主義については語っていないので……(笑)。その前に、最後に、それでも啓蒙主義あるいはマルクス主義に内包されていた主体は、普遍的主体であるという点を強調しておきましょう。ところが、われわれが眼にするのは個別的主体であり、ある固有名詞の網目に属するような主体なのです。文化、社会、歴史といった固有名詞の網……そして、一九世紀末以来、はっきりしているのは、マルクス主義運動は、そのようなナショナリズムの前でつねに挫折してきたということです。インターナショナリズムはけっして実現しなかった。連帯(solidarité)はつねにナショナルな次元にとどまっていた。そして、今日でも、ポーランドの《連帯》はそうなのです。それはポーランド人のあいだの《連帯》であり……。

小林 歴史の主体としての《連帯》……。

リオタール しかし、それは経験的主体に過ぎず、そうであるべき超越的主体ではない。ということは、経験的主体と超越的主体との結合(jonction)はなされなかったわけで、その不可能性は、カントにおいてすでに彼なりの仕方ではっきりと言われていたことです。そしてそれにもかかわらず、革命が成し遂げられ、経験的主体が歴史の主体として超越的主体であると僭称したときには――毛沢東の場合がそうで、彼は歴史の主体そのものの受肉として現われるわけですが――、その場合はつねにカタストロフィーに至ることになったのです。

つまり啓蒙における西欧の失墜に続いて、第二のマルクス主義におけるその失墜です。結局、今日起こっていることのすべては、それがブルジョワ政治であれ、括弧付き《左翼》政治であれ、すべて国家間の抗争でありナショナリズムの壁はどこでも打ち破られてはいない。ポーランドに関してさえ、わたしは《連帯》はマルクス主義的な意味における蜂起だとは考えないし、最終的には文化的・社会的な一国の独立の運動というナショナリズムの枠を越えるものでは全くないと思います。これほどはっきりと言わなければならないのは残念だけれど、わたしは大きな希望をもってはいません。

こうした意味で、既存のマルクス主義体制は、本来のマルクスの思想に対する実に深刻な衰退を呈しています。だから、少なくとも、二つの重大な西欧の衰退がある、ひとつはいま述べた労働運動の衰弱であり、そして、ここ戦後二、三十年のことに限ってみても、共和制の代表者たちが世界各地で犯した醜悪な共犯、策謀によってはっきりと示されている啓蒙理念の衰弱です。

さて、資本主義に関しては、それは一度もプログラムだったことはないし、資本主義の哲学などありはしなかったわけだよね。その点で、それは社会主義とも共和主義ともまったく異なっている。資本主義はだから社会主義と同列に置くわけにはゆかないし、それは政治ですらない。

小林　その規則は極めて単純なのですよね。

リオタール　そう。それはまったく経済的な規則であって、つまり、「ぼくは君にこれを譲る、君はぼくにそれを譲る」というものです。つまり、連鎖はすでに予見され、決定されている。後に何が続くのかは決定されているわけで、たとえそれが十年後のことであろうとも、その場合は信用貸しをすればよい。そして、その場合、「ぼくは君により多く払わせるだけだ。つまりその間に時間が経過するのだから、君はその時間を金額で払わなければならない」というわけです。時間、それはお金であるというわけです。非常に簡単な、明快なシステムで……。

小林　しかも、普遍的である……ゲームとして……。

リオタール　概念として普遍的なのであって、しかしそれはカント的な意味での理念を携えてはいない。いずれにせよ、このシステムは確かに共和制の思想と相携え合うことができることは確かで、それというのも、そこで交換し合う者——そして貨幣とは結局時間なのであって——、時間を交換し合う者は、それが、自由にできなければならないからです。つまり市民性が要求される。つまり、昔から言われていることだけれども、資本主義は、どちらかと言えば共和制に政治の軸を置くのであって、専制主義や全体主義においては、それは不可能となるわけです。

そのうえで、いったい資本主義にはどのような理念があるのか？　アダム・スミスそして一七世紀の他の何人かの経済学者を除けば、それは結局、《世界全体が豊かになる》という理念であるわけですね。すべての人々により多くの富裕を、ということになる。

小林　その意味では、資本主義は、まさに目的性、いまあなたが言った相対的な「より多くの」という目的性以外にはいかなる目的性をも持たないわけですね。資本主義——それは目的なしの体制です。それはつねに拡大しようとする。地球的規模へ、地球を超えて宇宙的規模へ……つまりあらゆる空間あらゆる時間を専有し、それを商品に変えてしまう……そこにはある一定の目的性への中心化が見られないわけです。

リオタール　まさに、その通りだと思います。

小林　それこそが、わたしの考えでは資本主義の力であって、とすれば、それに対して、「どうしたらいいのか？」。

リオタール　それは実際そうで、資本主義には歴史の哲学はなく、資本主義はそれを必要としない。だが、同時に、資本主義はそれ自体、形而上学であるということも事実です。つまり、資本主義は一種独特な仕方で連鎖の問題を提起し、しかもそれに決定的に答えてしまっているということです。それはライプニッツが言うような《最良の世界》ではないが、しかし一個の世界なわけです。つまり、それが一個の世界であるということは、そこでは連鎖がつねに考え得るものであるということです。つまり、そこにおいては新しい連鎖というものがない。新しさは、そこでは交換される物のレヴェルしかないのです。すべては売ることができ、交換することができる。

小林　身体、魂、情報、言語、時間……。

リオタール　そう、すべての所与はこうして商品となることができる。まったく賛成です。その点に関して言えば、資本主義はまったく操作的(オペラトウール)です。しかし、それは自由をもたらすものではない。資本主義は、啓蒙主義にもマルクス主義にも属さない。どちらも、その目的は《自由》だったのに対して資本主義には《自由》という理念はなく、それが言う《自由》とは、交換する、契約する自由に過ぎない――それは交換という法そのものであって、これには誰も反対することができないということです。だから資本主義は交換という法のシステムであり、それ以上でもそれ以下でもない。そして、その意味では、資本主義は西欧固有のものではなく、たとえそれが西欧において誕生したのだとしても、結局それは西欧のギリシアから中世を貫く《ともによく生きる》ことに対する長期間の伝統、政治=哲学的な伝統、その成熟に属するものではないわけです。

小林　そして、その必ずしも西欧に固有のものではない資本主義に対する西欧の固有の反撃のひとつとして、ナチを数えることができるということにはならないでしょうか。ナチズムには少なくとも幾つかの理念があったわけで、それらの理念はまさに固有性を軸としてはいないでしょうか。

リオタール　しかし、それはもっと複雑です……が、あなたが提出したアウシュヴィッツの問題に触れる前に、資本主義についてのわたしの考えを締め括るために、ナンセンスとも思われる発言をしておきたいのですが、それは、資本主義は西欧の失敗、西欧の挫折なのだということです。ここで言う西欧とは、これまで述べてきたまさに自由への道、人間の解放の長い政治=哲学的伝統のことを指しています。

この問題は別の長い討論を必要とするでしょうから、ここでいったん置いておいて、アウシュヴィッツ、ナチズムの問題の方に戻りましょう。ヨーロッパ人にとっては、このナチズムによる大量殺戮というのは、それが起こったときに、まったく理解できないものだったのです。それはある民族の大量殺戮という以上に、なによりも西欧の科学的・文化的前衛の抹殺だった。つまり、啓蒙家の抹殺だったのです。強制連行がはじまったとき、連れ去られる者はいったい自分がなぜ連れ去られるのか理解できなかった。彼らは、西欧社会のなかに充分に同化していて、互いにひとつの異なった民族を形成しているという認識すら持っていなかったのです。ドイツにおいてはフランス以上にそうだったかもしれません。フランスにはすでにドレフュス事件がありましたが、これはカトリックの問題でした。カトリックではないドイツには、ドレフュス事件はなかったわけです。

ですからナチズムは西欧というものの恐ろしい挫折にほかならなかったので、というのも、そこで攻撃されていたのは、つまり、その当時ユダヤ人と呼ばれていたのは、ナチのイデオロギーにおいても、資本主義あるいはマルクス主義の思想においても、つねに、科学、文学、政治、芸術、映画、考古学等々、それぞれの分野で物事を進めようとしていた人たちだったからです。ドイツがその当時もっとも文化的水準が高かったとすれば、そのもっとも文化的水準の高い層をナチズムは切り落としたのです。その人たちはすべて死ぬかあるいは亡命しました。これは、まったく信じ難い、西欧の一般的な論理から言えば理解し難い出来事だったのです。このような出来事の原因がいったい何だったのかを歴史的に探しても無駄かもしれません。歴史的な出来事にはすべて原因があると考えられているけれど、わたしは、本当に原因といったものが特定できるのかどうかはあやしいと思います。

いずれにせよ確かなのは、この出来事は、正当化として突然に神話が復活するという事態と結び付いていたということです。これはまったく思いもかけないことでした。というのも、啓蒙、そして西欧のすべては、神話の批判という基盤のうえに成立していたからです。寓話的なもの、神話的なものの批判は、プラトンから啓蒙思想に至るまで一貫して流れる西欧の基盤だったはずなのです。すなわち、それは突然に現われた――それそのものとしてはおそらく一度も存在したことのない――北方民族優位の物語、そのパロディックに構成された物語、そしてまさに前代未聞の生物学による権威付け、正当性の構築の試みでした。言い換えればそれは、未来による正当化ではなく過去による正当化でした。ところが、啓蒙、そして西欧のすべての政治哲学によれば、権威はつねに未来において打ち立てられていたわけです。ところがそこで突然、「北方の民族はつねに権威をもっていた。いま、それを再び取り戻さなければならない」と言う声が起こり、その声が純粋化、つまり不純物の除去という政策を決定したわけです。これは、正当化の物語としては、まったく狂気の沙汰でした。これはもはや、挫折とか失敗ではなく、それよりももっとひどい、西欧文明の病いでありヒステリックな発作でした。

小林　結局それは、われわれが前にも見出した、西欧のプログラムに対するナショナリズムの攻撃ということになりますね。つまり、プログラムとしての西欧は、まさにナショナリズムが問題とするすべてのところで失敗し挫折したということになる。国家（民族）の境界、その壁は一度も越えられなかったということになる……。

リオタール　そういうことです。

小林　そして、もはや誰もインターナショナリズムということを言わなくなってしまった……。

リオタール　その替わりに多国籍企業（マルチナショナル）が語られる……。

小林　ということは、資本主義だけがある仕方でナショナリズムの境界を越えたということですね。

リオタール　しかし、資本主義は境界を越えつつ、なお、それを保存するのです。というのは、それは境界を必要としているのであって、だからこそ多国籍企業は文字通り《マルチ》であって、インターナショナルではないのです。国は多ければ多いほどいいのです。独立した市場、そして投機を可能にするような金融市場……資本は国家の境界を通過することによって投機されるわけです。

小林　では、最後の質問としますが、あなたの《文の哲学》はこうした問題設定に対して、なんらかの指針をもたらすことができるでしょうか？

リオタール　いや、そんなことはできません。それは、いずれにせよ、政治の問題を扱ったものではないですから……。

ただそれがもたらし得ることは、固有名詞の重要性を強調すること、その重要さを示すことでしょう。なぜならばわたしは国家（nation）と固有名詞とのあいだには深い関係があると思うからです。たとえば、ワーグナーの音楽、その三部作（トリロジー）は、突然にそれまで西欧の伝統には属していなかった非常に多くの奇妙な固有名詞を導き入れ、それにわれわれを慣れさせたのですが、それは《北方の民族》の固有名詞であったわけです。国家を、分有し得ない固有名詞の網によって定義することができるでしょう。固有名詞はごく特殊な場合を除いては、分有し得ないものです。わたしはフランスの固有名詞の網のなかで生きており、そのわたしの固有名詞の網はあなたの日本のそれとは交換できないし、分有できない。日本のそれをわたしは学ぶことはできるでしょうが、それはあくまでも学んだものであって、それはまたまったく別のものです。ひとは固有名詞の網を学ぶのではなく、それはすでに与えられているのです。国家とは、そのような固有名詞の網なのです。

響きを聴く

——（1988.7）

小林　先日、京都でなさった講演では、あなたは芸術の中心に「起こるか?・」（arrive-t-il?）という問いを置いたわけですが、私には、音楽こそ、まさにもっとも純粋な形でこの「起こるか?」が訪れる芸術領域ではないかと思われます。そこで、音楽において、また音楽を通していったいなにが聴かれるのか、この「起こるか?」という問いが、あるいは「来い」という要請が聴かれるのか——このような問いを巡って、あなたの哲学と音楽との関わりを語っていただけないでしょうか。

リオタール　手短にお話すれば、私に強い影響を与えた音楽がふたつあります。ひとつはジョン・ケージそしてモートン・フェルドマンの音楽、もうひとつは能の音楽です。このふたつの音楽によって、私は、西欧の音楽は、——私がとても好きなベートーヴェンの四重奏も含めて——まだきわめてお喋りであること、つまり意味を与えようとすることを知りました。西欧の音楽には、民族的、大衆的、神話的なさまざまな物語形式が入り込んでいます。ところが、ケージの音楽、そしてケージ自身が影響を受けた日本の音楽によって、私はそうした物語を聴こうとする耳とは別の耳をもって西欧の音楽を聴き直すことができるようになりました。つまり、それらの音楽は、聴くべきただひとつのものは響き（音色）であることを教えてくれたのです。すなわち、旋律や和音体系、多声構造の規則に従って生み出される音と音のあいだの連接、あるいは楽器と声、楽器と楽器のあいだの関係を聴くのではなく、特異な質としての響きそのものを聴くのだということです。

能の鼓や笛の奏者は明らかにこういった音の質に特別な注意を払っています。そして、ジョン・ケージのあの「音を来るがままにする」というよく知られた公式がありますが、私はこれはフェルドマンの音楽のほうにもっとよくあてはまると思います。彼のあるピアノ曲などまったく能の音楽に匹敵する水準に達していると思います。

つまり、「何を聴くのか？」という問いに対する答えは、はっきりしています。意味を聴くのでもなく、作曲や演奏の完成度を聴くのでもない。響きという出来事が起こり、生まれることこそを待たなければならないのです。このような独特な聴取に対しては、西欧の耳は慣れてはいないのですが、しかし一種の「禁欲（苦行）」であるこの響きを聴くことからもう一度、西欧音楽に戻って来ると、そのとき西欧古典音楽のコーパスに属すると思われていた音楽、例えばドビュッシーの作品がまったく違って聴かれるわけです。実際ドビュッシーは、絵画の領域でセザンヌがしたことと同じことをしているので、つまりそのどちらも、構成(コンポジション)よりは色の出来事を優先しているのです。例えば彼が東洋的な音階を導入し、古典主義やロマン主義といった西欧音楽の伝統においては認められていなかった音の空間を創出するとき、彼が追究しているのは、まさにこの響きの独特な経験なのです。

このことは、電子音楽についてもそうなので、電子的な操作によってわれわれは、ギリシア以来の音間隔には縛られていない無限に多くの音楽音を得ることができるわけで、そこでもまったく新しい、より複雑な響きの経験が問題になっています。電子音楽もまた特異な音の色を生み出そうとしているのです。それから、これについては、ブーレーズと話したことがありますが、ヴァレーズのような作曲家が銅鑼やサイレンに興味を寄せたのは、まさに電子音楽の先取りなので、微小な音間隔を得るためだったのです。

小林　結局、響きとはなによりも特異性の経験だと思われますが、そうだとすると、われわれ人間の耳にとっては、そうした特異性のもっとも身近な、そしておそらくもっとも根源的な経験とはやはり声の経験ではないでしょうか。声とはまさに特異性そのものです。すなわち、響きを聴くときわれわれは、ほとんど世界が声を発するかのように、それぞれの石が、竹が、海が、部屋がひとつの特異な声をもつかのように聴くのではないでしょうか。

リオタール　あなたが言ったことは、ウィトゲンシュタインのあの「世界は起こることの総体である」という古い定義に対応しているので、つまり起こるのは「響き」あるいはあなたの言う「声」であるということになります。けれども、「声」という言葉は少し大まか過ぎるので、強度とか持続とかいろいろな分析ができると思うのですが、響きあるいは色は最小の差異、どれほど分析しても結局は分析を逃れ、分析を限りなく遅らせるものです。それこそ、結局は音楽においてただひとつ、本当に興味深いものなのです。そして、それだからこそ、私はベートーヴェンの最後期の四重奏が好きなので、明らかにそこでは彼は、それまでのあの派手な効果――例えばソナタという形式のディコンストラクションという近代的な企てのために導入される旋律の突然の中断・断片化といった驚きの効果――とは別の、もっと微妙な効果、つまり響きを探求しているように思われます。

小林　ダニエル・シャルルは、龍安寺の石庭とジョン・ケージを同時に論じる論文を書いていましたが、その石庭をご覧になっての感想はいかがですか。そこでなにが聴かれましたか。

リオタール　残念ながら響きの出来事にはそこでは出会えませんでした。なにしろ修学旅行の生徒たちでいっぱいで、彼らの叫喚以外のなにも聞こえてはきませんでした。期待していた沈黙は聴かれませんでしたが、しかし期待していたことが起こらなかつたということは、それはそれで、私には気に入りました。むしろ、その前に精進料理の昼食をした天龍寺の方丈が明るい、静かな空間が開けていて、包まれるような沈黙がありました。きっとそのような出来事が龍安寺で起こるべきことだったのかもしれません。

＊

〔後記〕

このささやかな対話は、リオタールの日本滞在もほぼ終わりに近付いた七月九日に行われた。氏は、その三日前に京都の同志社大学において「崇高と前衛」と題された諸演をしており、そこでは近代の美学の歴史における崇高なるものの解釈を巡りつつ、崇高と前衛とのあいだの深い関連を明らかにし、芸術にとって《起こるか？》という出来事への問いを開いたままで保持することの重要性を強調した。私の最初の問いはそれを踏まえている。同じく出来事の到来あるいは生起に対して言われているのだが、《来い！》のほうは、どちらかと言えば、ジャック・デリダの哲学の文脈に沿っていると言えるだろう。

この出来事を、音楽においては、響きに聴くというのが、リオタールの考えの方向であったが、「響き」と訳した言葉は、「timbre」であり、語感としては「音色」のほうが近いかもしれない。そこから、むしろ逆にわれわれの言語の「響き」という言葉の特異な響き、つまりその翻訳不能性に気が付くべきかもしれない。これは、むしろ私の思考の傾きだが、「響き」は、「音色」よりも、「色」や「声」よりも、すなわち「timbre」よりもずっと空間的であり、そのことによってより一層出来事へと開け放たれている。音楽は響きという空間の出来事への待機なのであり、そうであれば実は、リオタールが一度は退けた音楽のさまざまな空間構造——物語的であれ、そうでないのであれ——をもう一度、響きの特異性のひとつの支脈として考え直すべきなのかもしれない。意味と出来事を対立させるよりは、むしろ意味を響きとして聴くことこそが大事なのかもしれない。そこまで話し合う時間的余裕がなかつたことが悔やまれる。

倫理とはエクリチュールが引き受けるべき負債である

――（1988.8）

小林　今日は、倫理についての問いかけ、その切迫した問いかけとともに、ジャン＝フランソワ、あなたをここにお迎えしています。

これからここで交換される言葉は、たとえば「今日、倫理がどのように可能か」といった一般的な問いのパースペクティヴのなかに位置付けられることになると思います。

この問いに対して、私は二つの扉を考えています。ひとつはいわば、固有名詞、欲望、そして資本と共同体にかかわる問題設定で、ハイデガー問題はこの系列に属する問題だと思いますが、これについては別の機会に討議の場所が確保されているのでここでは取り上げず、もうひとつの問題設定、すなわちテクノロジー、死、といった問題にして意見を伺いたいと思います。この二つの領域をつなぐものとして〈時間〉の問題が浮上してくるのではないでしょうか。

死のテクノロジー

小林　かつてサルトルは「マルクス主義は我々の乗り越え不能の地平である」と言いましたが、「テクノロジーが我々にとっての乗り越え不能な地平を形作っている」という前提から、とりあえず出発したいと思います。そして言うまでもなくこの乗り越え難さは、いわゆる医学的テクノロジー、テクノロジーとなった医学においてもっとも鋭く感じられる。とくに今日、「脳死」あるいは「非可逆的な昏睡」という言葉で提起されている問題は、人間の死に関わり、関わらざるをえないテクノロジーの問題です。

今日はこの問題をめぐって話しをすすめたいのですが、まず私の方からいくつかの問題提起をしたいと思います。

第一の点は、死に関する状況がまったく転倒されてしまっているということです。こういって良ければ、これまであらゆる法は死との密やかな関係において成立していた。死とは法の究極のモメントであり、そのことによって法は法として君臨しえていたと思うのです。つまり、死は常に最終的な決定そのものだった。ところが今、法が死に対して判断を下すこと、つまり死を再定義し、死を技術的に対象化して、何が死であるかを決定することが求められている。ここにはきわめて重大な転倒があると思います。

第二の点は、身体に関わる問題です。自然的なものと技術的なものとの関係がわれわれの身体を通して問われている。これは特別に「非可逆的な昏睡」の場合にだけあてはまることではありません。もっと一般的に現代においては、われわれの生存、存在そのものが、ある意味で根底的にテクノロジーに養われているという事態があります。つまり、「保育器のなかの赤ん坊」になっている。テクノロジーはわれわれの存在様態、その環境なのです。

第三の点は、結局第二の問題のいわば別の側面なのですが、われわれの生死、身体が、資本の原理に従属するという事態です。脳死をめぐる死の再定義の問題は、テクノロジーの観点からすれば、いかに物体あるいは商品となった臓器の効率を高め、最適化し、新鮮さを保持するかという経済原則の問題となる。そこでは身体は部分的な臓器の集合、交換可能な部品や販売可能な製品の工場として、資本のネットワークに参入する。死の再定義とは、この技術的、経済的効率に対するコンセンサスの形成の問題です。

第四にこれらの問題は最終的には時間の問題だということです。効率の時間、それは同時に資本の時間でもあるわけですが、それは基本的には計算可能な時間、資本化可能で、測定評価できる時間です。臓器移植は、延命を、すなわち時間を与えることを目的にしている。つまり時間を失った、あるいは失いつつある者から臓器を取り出して、それを別の人間の時間のために役立てようとするわけで、そこでは人間の時間は互いに共約可能な一元的な時間、テクノロジーの時間へと還元されているように思います。

以上が、まあ、私の方から投げ出すことになる今日の問題の出発点なのですが……。

リオタール　まず最初に、今出された問題に基本的に賛成するということを述べておいて、むしろそれ以上に一層その記述を拡大しなければならないのではないかと言いたいと思います。

そしてそのためには、私は「テクノロジー」という言葉ではなく、「テクノ・サイエンス」という言葉を用いたいと思います。

小林　その違いは何ですか。

リオタール　つまり生命科学、発生学、遺伝子工学といったテクノロジーは、確かに一方ではコンピューターなどのエレクトロニクスを基盤にしていますが、同時にそれ自体生物学という科学に属しているということです。研究は技術的な面だけでなく、あくまでも認識理論の探求という側面を持っている。

医学の場合も、また別の側面、つまり、技術的というより「施術」(art)という実践の側面を持っています。つまり医学には個々人の特異的な身体というフィールドがあるわけで、その側面は極めて大事です。だからたとえば病人の身体は、さまざまな領域が集中して収斂して行く場になっているわけです。一方では甦生のための技術的装置と技術者がおり、他方では理論的な関心を寄せる生物学者、そして個々の身体の特異性を考慮して現場の判断を下す医者がいます。これらのすべては、単にテクノロジーであるというより、むしろテクノ・サイエンス的なのだと言うべきでしょう。

自然を拒絶するシステム

リオタール　確かにこのテクノ・サイエンスというシステムが認められると、不可避的に死の問題が提起される。しかもそれは、事実上の問題と原理上の問題との二度にわたって提起されることになります。

テクノ・サイエンスはシステムを形成しています。そしてこのシステムの制御は、現状を維持するホメオスタシスの原理ではなく、常により良い実効性を追及する、サイバネティクスで言う「成長（増大）による制御」に従っています。それは負のエントロピーだと言ってもいいかもしれません。そしてこのようなシステムが人間の身体をその対象として持つことになれば、明らかに死は、引き受け、乗り越えなければならない障害として立ち現われてきます。死はもはや決して自然的なものではなくなる。このシステムにとって、自然をそのまま受け入れることは本質的にできないのです。

実際に自然死と言われているものは何なのでしょうか。あらゆる死には原因があります。腎機能の障害、肝臓の衰弱、血液循環の不良……。自然死と呼ばれているものも実は、こういった相対的な原因の連鎖によるものでしかない。ここではシステムは人間の身体をちょうどオートバイのように扱います。

小林　交換可能な部品の集合としてですね。

リオタール　ええ。そしてむしろ、それぞれが部品からできている臓器の組み合わせとして扱っています。それぞれの臓器にはそれぞれの調整機能があり、しかも大変精妙ですぐに不調になることがある。テクノ・サイエンスは、こうした臓器の機能の損耗を予防したり修復したり、あるいは移植による置き換えをしたりして、死をできるかぎり遅らせようと躍起になるわけです。

　では、なぜこれほどまでして死を遅らせるのか。これは倫理の問題です。現にアメリカやヨーロッパで始まっている「死ぬ権利」の運動は、まさに死を遅らせようとするこの医療の執拗さに対する抵抗です。その執拗さこそ脳死や不可逆的昏睡を生み出しているわけで、そこでは脳波が停止し、思考という意味での人間の生はなくなっているにもかかわらず、生物学的、医学的にはまだ生きているという状態が生まれます。そうなると確かに、「ひとはいったいいつ死ぬのか」という問題が出てきます。

小林　と同時に私は「いったい何が、あるいは誰が死ぬのか」という問いを提出したいのです。というのは、もし死がローカルな臓器の死に還元され、テクノ・サイエンスがそのような死をある意味で果てしなく遅らせるとすれば、「私が死ぬ」ということは限りなく不可能になるからです。

リオタール　それは結局は同じ問題なのです。そしてついでに言えば、それは死ばかりでなく誕生についても同様に問題になります。

別の機会に話したことがありますが、ある種の免疫不全に対しては胎児の皮質を移植する必要があるのです。胎児からそのように臓器を抽出することは正しいのかという問題があり、それはすぐに、いったい何カ月から胎児は法的人格であるのかという問題になる。三カ月目からなのか。その根拠は何なのか。しかしどのような根拠も恣意的でしかありません。

小林　同時に技術的でしかない。

リオタール　いや、一方では技術的であり、他方では伝統的な意味で倫理的なのです。実際カトリック教会は、聖なる自然、創造された自然の名において胎児あるいは胎児への介入を一切認めません。しかしこれはテクノ・サイエンスの成長にとって重大な障害となるので、いずれ除去されることになるでしょう。

地上的生からの解放

リオタール　さて、もう一度死の話に戻りましょう。今まで話したことは結局、もはや花を自然的なものとして受け入れない、あるいはそうしたものとして敬わないということを意味しています。

ほとんどの宗教においては、生は与えられたものであり、死とはある一定期間貸与された生を返すことを意味していました。つまり神という超越的なものから、われわれは生を借り、死とはそれを返す場であったわけです。

そこでは「誰が死ぬのか」という問題は簡単だった。それは魂、この自動車のような身体に生気を与えている魂でした。しかもそれは、一方では考えるものとしての〝アニムス〟、他方では感じるものとしての〝アニマ〟という、ラテンの伝統に従えば男性と女性という二つの相を持っていました。つまりそれはすでに、父と母からの相続を含んでいるような魂だったわけです。

こういった考えはいまや終わりつつあります。それを示すのが、われわれが死を扱うのにもはや何も無いというこの不在、この欠如です。死は今では、単なる悲しみや損失ではなく、むしろスキャンダルの対象です。死はテクノ・サイエンスから葬儀屋に至る死の管理制度によって覆われているのです。

さて、以上のような問題において私が興味深く思うことは三つあります。まず自然、そして生の、死の神聖さという観念の消滅。第二に、死という概念の問題化、つまり死を再定義しなければならないという、一見逆説的な、しかしテクノ・サイエンスの観点からは当然の要請。そして第三に臓器の交換市場の創設。

これらのすべてに関してわれわれは何を言うべきか。臓器の市場化。それはわれわれを怖れさせますが、しかし不可避です。あなたが言うように、時間をかせぎ、速度を増加させ、最良の効率や実効性を求めること、これも不可避です。こうした傾向を通じて、それほど遠いわけではない未来にかけて問題になっていることは何でしょうか。それは自然的な死が打ち負かされ克服されようとしているということです。すべてはあたかも、この地上に棲む生物の宿命である死を逃れ去る人類を創り出す準備をしているかのようであるということです。

人間の脳は、言語という象徴的な結合を生み出すその能力ゆえに科学や技術を生み出してきました。テクノ・サイエンスの増大による制御は、それ自体脳の増大による制御の一結果です。この制御が、テクノ・サイエンスを通して脳をその地上的な生活条件から解放しようとしているように私には思えます。死はこの地上的な条件のうちのひとつなのです。

このための道はごく簡単に言えば二つあります。ひとつはサイバネティクス、コンピューター、人工知能などに結びつく道で、脳のあらゆるシステムを身体なしに人工的に実現してしまうというプログラム。もうひとつはむしろ生物－医学的な道で、できうる限り身体そのものを人工化することによって脳を死から解放しようとする方向です。いずれにしても人間を、人間の脳を、極めて制約の多いこの地上的な生の諸条件から解放しようとする傾向こそ、われわれの時代のテクノ・サイエンスの一般的な地平だと私は思います。

テクノ・サイエンスは形而上学の相続人

小林　地上的な生の条件からの解放、それこそ死ではないですか。あなたの言うテクノ・サイエンスは奇妙なことに、まさに死そのもの、あるいは少なくとも死に極めて似通った何かを追及しているように思えます。

もうひとつ問題になるのは、テクノ・サイエンスという立場から記述された死は、実はあくまでも操作対象であるということです。つまり外側からの記述でしかありません。そして明らかに、われわれがこの地上にとどまる限り、どのように死を再定義しようとも、それは原理的には倫理的なものにはならないでしょう。少なくとも死ぬ者、死にゆく者の視点を抜きにして倫理が考えられることはありえない。実際死にゆく者は「自分のこれこれの臓器が死ぬ」のだとは思わないわけで、あくまでも「私が死ぬ」にほかならないわけですから。

リオタール　これまで話してきた死が、客観化された死、対象化された死であることは確かです。そして主体としての死、つまり自己についての意識と「死ぬ」という意識を持つ主体を考えなければならないことも確かでしょう。

この点に関しては、動物と人間とがその行動において全く違っていることを指摘しておきたいと思います。動物は本能として死のプログラムを持っており、象徴言語を持たない故に死は問題になりません。動物は死を、外から見ていると一種の知恵とでも呼びたくなるものとともに静かに迎え入れます。

それに対し、地上に棲む生き物としての人間の狂気は、象徴言語を持っていることとです。そのためにわれわれは、すでに三歳にして死があることを学ぶのです。死はその意味では全く言語の問題です。身体は死んでも言語はけっして死にません。「これは私の最後の文だ」とは言えても、

「これは一般的な意味で最後の文だ」と言うことは不可能です。この意味で地上的生を営むわれわれにとって、不死性の原理そのものはすでに言語に帰属しているわけです。

言語とはそれ自体あまりにも恣意的な体系であって、地上的条件に従属してはいません。死にも生にも依拠していないのです。ですからわれわれの生存の困難とは、単に身体的なものではなく、むしろ地上的生死に従属したこの身体と、言語という非‐地上的な能力ということにあります。言語こそすでにして怪物的、神秘的であり、そこにあらゆる宗教にとっての、また唯物論にとってすらの不死性の確立の根拠がある。あなたの言う〈死にゆく者〉も、単に悲劇的な意味ではなく、まさに彼が言語を持っているからそうなるのです。「死にゆく者」とは自らが先取りできないものを先取りする者なのです。

テクノ・サイエンスはそのような不死性の原理に根ざしています。それはテクノ・サイエンス自体が形而上学の相続人だからです。ただそれを思考以外の方法で実現しようとしている点が異なっている。これこそテクノ・サイエンスの狂気にほかなりません。その上であなたが、テクノ・サイエンスの方向は〈死の死〉なのだと言うとすれば、私はまさにそれこそが死なのだと言いたいと思います。

小林　死に対する全面的な無関心、つまり死のための場処がどこにもないということですね。死はそこではまったく恣意的に定義されるものでしかない。

リオタール　そう、〈死の死〉です。そのことであなたが問題にしているのはつまり、思考という名に価する思考、「発展」とは別の動機づけを持つ思考、考えることのできないことについて問いかける思考にとって、死の消滅はそうした思考の消滅そのものではないか、ということですね。言いかえれば、思考にとって、誕生と死という「謎」を前になすすべもない状態であることが必要ではないかということです。

〈死ぬ主体〉としての自己

リオタール　この「謎」という言葉で私が言おうとしているのは、この思考があまりにも早く、そしてあまりにも遅くやってくるということです。デカルトが言うように、われわれは人間である前に子供だった時期、つまり自ら考えることができず、感情や情感に先立たれていた時期があるわけです。いわば思考は、自らに対し、つねにあまりにも遅く訪れる。だから思考は純粋ではなく、あらかじめ他のものに含有されてしまっている。そこから自己の意識、自己の支配が問題として現われてくるのであり、それこそがわれわれを思考に向かわせるのです。

われわれはわれわれが自分の支配者ではないことを考えさせられる。それはこの誕生のせいです。自分の誕生を考えられる以前に生まれてきてしまう。自分が明確に表現できる能力を持つ以前に、われわれは他者の語る意味の世界に生まれ落ち、明確な意味として分節化されない言語を持つ。ここには不透明さがあり、この不透明さをわれわれはずっと担っていくわけです。そして今度はあまりにも早く死ぬことになる。望まれている透明さに対して、われわれは不透明に死ぬのです。

小林　われわれがつねに早すぎる死を死ぬということがなぜわかるのですか。

リオタール　この不透明さを透明にするという思考の使命をどれほど遠くまで推し進めた人々も、スピノザであれブッダであれ、まだ不透明さを残しています。そこにはまだ解釈すべきものが残っているということです。

小林　でも、彼ら自身にとってはどうでしょうか。たとえば彼らが自らの死を死ぬときに、望まれていた透明性を見出し、そのことによって思考そのものを放棄して、死に赴くということも考えられませんか。

リオタール　いや、あまりにも早く来るものとしてこの死を受け入れるということはできるかもしれませんが、けっしてちょうどぴったりの時にやってきたものとしてではありません。そうでなければ、彼らはあのような思考を打ち立てることはなかったはずです。というのも、その思考はすべて死を受け入れられ得るものとすることを目指しているからです。

小林　死を受け入れるということは、私の考えでは、死をあくまでも外的な、外側から降りかかってくる事故として考え、それを受け入れるということではなく、自らを死ぬ主体として引き受けるということだと思います。つまり、何か〈主体〉のようなものがなければならない。「誰が死ぬのか？」という問いに対する答えは、その意味においては「私」ではあり得ないので、ここでは、とりあえず、私はそれを〈自己〉(soi) と呼んでおきたいと思います。

死ぬ者として自己、それは結局、あなたの言う言語の「謎」、この不透明さそのものなのかもしれません。そのようなものを考えるのでなければ、われわれはおそらくテクノ・サイエンスの「発展」に対して、倫理的に抵抗することすらできなくなると思います。この〈自己〉は例えばかつて〈魂〉と呼ばれていたものでしょうか。そうかもしれません。しかし、いずれにせよそれは「私」と語る者という意味での〈自我〉ではありません。

リオタール　〈自己〉という言葉はヘーゲルの〈自己〉(Selbst) を思わせるだけに、慎重に取り扱わないといけませんが、とにかくそれによって何を了解しているのかということが問題です。私としては、自己は同時に非・自己だということを言いたいと思います。

小林　もちろんです。

リオタール　〈死〉の問題を言語の哲学の視点から分析してみると、死とはなによりも第一人称で発話をおこなう能力の停止です。同時にこの第一人称は、固有名詞に呼応する。すなわち、死は、固有名詞の呼びかけに一人称で応答することの停止です。あなたの言う〈自己〉とはこの場合、この一人称との現前と結びついているのですか。それとも、一、二、三人称のどれかのモメントを占めるということなのですか。後者の場合であれば、たとえ一人称の発言がなくなっても、それは二人称あるいは三人称の指示対象として、言語のなかに残り続けることができるので、その限りでは、それは不死であり得るわけです。もちろん、忘却というもうひとつ別の重大なテーマもここにでてきますが……。

小林　いや、私の言っている〈自己〉はそのような人称のポジションには還元されません。あなたの言う〈不透明さ〉だって、それは単に言語へと還元されるわけではないでしょう？　問題はむしろ身体と言語の関係そのものを考えることではないでしょうか。

リオタール　それは全く賛成ですし、その定義の仕方の方がいいと思います。しかし敢えてそれでもこの〈自己〉を言語哲学の言葉で語るとすれば、それはやはり、私が「私」と言う以前に、すでに人が私に「おまえ」と言い、あるいは私について三人称で語っていたということがある。私はすでに語られていたわけです。ですから、この〈自己〉はすでに死と同じ状況のなかに置かれています。ここでは、私は〈私〉として確立する以前に、むしろラカン的な意味で象徴的なもの、そして想像的なもののうちにすでに書き込まれているわけです。この不透明性は乗り越え難いものなのです。

〈不透明性〉の苦痛

小林　いや、まさに、それ故に、テクノ・サイエンスの地平においては死というイマージュの危機が見出されるわけです。ブランショの『文学空間』に収められた遺体についての、つまり死というイマージュについての美しいエッセイのことを思い出しながら言うのですが、死はなによりも〈イマージュ〉、つまり限りなく後退する非・現前であって、このイマージュとしての死こそ、そしてそのイマージュとしての誕生こそテクノ・サイエンスによって解体されようとしているのではないでしょうか。つまりひとに尊敬を要請するのは、一人称の〈私〉と言うものとしての〈あなた〉ではなく、この不透明なイマージュとしてある〈自己〉ではないでしょうか。どういう名で呼ぶのであれ、何かこの〈自己〉のようなものを守るのでなければ、われわれは倫理については何も言えないと思うのですが。

リオタール　全面的に賛成です。いまわれわれが意味の過剰と意味の欠乏のあいだに……

小林　そして身体と言語のあいだに……

リオタール　位置付けたこの不透明さの故に、われわれは自己の支配者となることができない。では、これと倫理とはどのような関係にあるのか？　——それは、われわれは実はこの不透明さを〈負債〉として背負っているということなのです。エクリチュールと呼ばれる運動は、この負債を引き受けようとするのです。負債ということは、われわれに返すべき義務があるということであり、それこそが倫理なのです。

テクノ・サイエンスは、この負債を、例えば情報化によって返済し尽くすことができると考えるわけですが、実はこれは意味の外にあるものであり、そうなることによってはけっして返済され得ないものなのです。ここであらためてエクリチュールと倫理との関係が問われなければなりませんが、今日はそれだけの余裕がありません。

小林　それでは最後にもう一つ伺いたいと思いますが、あなたが〈不透明さ〉と呼び、私が〈自己〉と呼ぶものは、いったい時間という観点から考えた場合にどのような在り方をしているのですか？　それは絶えず反復するものなのか、負債として残り続けるものなのか……。それは明らかに、全く非共約的な時間、特異的な時間であり、けっしてテクノ・サイエンスが前提としているような計算可能で、交換可能な時間には回収され得ないと思われます。

リオタール　非共約性あるいは特異性とは明らかに分かち持つことができないものです。死も誕生も、けっして分有できません。この分有できない苦痛をこそわれわれは分有しなければならない。それこそエクリチュールあるいは文学、芸術のなすべきことなのです。そして、この〈不透明さ〉、この〈自己〉は、つねに事後的にしか語られ得ないのであり、それ自体つねに、表象を欠いた、無意識の情動、語り得ない苦痛として在り続けています。

最後に、全体的なことをもう一度まとめるとすると、テクノ・サイエンスがこのまま発展し続けるとすると、その文脈のなかでは、生／死という地上的な条件に拘束された倫理の問いは、そこではつねに乗り越えられてしまっているように見えるでしょう。テクノ・サイエンスはすでに、われわれの生存を、地上的なものからむしろ宇宙的な次元へと推し進めようとしているわけで、倫理の問いとは、この地上の尺度を越えて進むものに対する問いなのです。もし〈自己〉、あるいは〈不透明さ〉とわれわれが呼んだものの緊張が失われてしまえば、同時に誕生そして死という意味での人間の特異性は失われ、根本的な不安に基づいて他者性と向かい合うという、本来的な意味での倫理性もまた失われてしまうでしょう。われわれは、それらのすべてを失った人間として空間を漂うことになるかもしれませんが、少なくともそれに対しては抵抗しなければならない。これが私に言える唯一のことです。

初出一覧

はじめに――他なる同時代、隣人として……書き下ろし。

第Ⅰ部

主体を超えて、しかし〈人間の尺度〉……書き下ろし。

《人間》の哲学……雑誌『基礎フランス語』第一一号（フランス事情11）、三修社、一九八七年。

《ポスト・モダン》の選択……雑誌『人文会ニュース』第四七号（人文書講座XI―2）、人文会、一九八七年。

自由への横断――ライン川を越えて……鷲田清一編『哲学の歴史』第一二巻（実存・構造・他者）、中央公論新社、二〇〇八年。

難解さについて――エクリチュールの物質的な抵抗……同前。

法をかいくぐってパラレルに（Subrepticement parallèle）……二〇一一年一〇月パリのコレージュ・ド・フランスで行われた「UT（東京大学）フォーラム」で行われた講演の日本語原稿（未公刊）。

第Ⅱ部

外へ、限界を開く……書き下ろし。

アルケーとしての分割——分割線上のフーコー（1）……『フーコー・コレクション』第一巻（狂気・理性）編者解説、ちくま学芸文庫、筑摩書房、二〇〇六年。

幻の『外の思考——言語と死』——分割線上のフーコー（2）……『フーコー・コレクション』第二巻（文学・侵犯）編者解説、ちくま学芸文庫、筑摩書房、二〇〇六年。

一九七八年のミシェル・フーコー……『ミシェル・フーコー思考集成』第七巻、筑摩書房、二〇〇〇年。

書評テクスト——われわれはフーコーへと回帰しなければならない……「M・フーコー『これはパイプではない』」（雑誌『Marie Claire』一九八五年七月号、書評欄、中央公論社）、「M・フーコー『自己のテクノロジー』」（『Marie Claire』一九九〇年五月号、書評欄、中央公論社）、「M・フーコー『作者とは何か?』」（『Marie Claire』一九九〇年一二月号、書評欄、中央公論社）、「D・エリボン『ミシェル・フーコー伝』（1）」（週刊誌『朝日ジャーナル』一九九二年一月三～一〇日号、書評欄、朝日新聞社）、「D・エリボン『ミシェル・フーコー伝』（2）」（雑誌『新潮』一九九二年二月号、書評欄、新潮社）、「D・エリボン『ミシェル・フーコー伝』（3）」（『Marie Claire』一九九二年三月号、書評欄、中央公論社）。

第Ⅲ部

いま、響く《大地》の笑い……書き下ろし。

哲学／西欧／歴史——リオタールとの対話……雑誌『風の薔薇』一九八六年第四号、書肆風の薔薇。

響きを聴く……雑誌『MUSIC TODAY QUARTERLY』一九八八年九月号、I&S。

倫理とはエクリチュールが引き受けるべき負債である……雑誌『現代思想』一九八八年八月号、青土社。

【1】小林道夫・小林康夫・坂部恵・松永澄夫編『フランス哲学・思想事典』、弘文堂、一九九九年。

【2】『ミシェル・フーコー思考集成』全一〇巻、筑摩書房、一九九八〜二〇〇二年。

【3】展覧会カタログ『色の音楽・手の幸福——ロラン・バルトのデッサン展』(東京大学教養学部・美術博物館／京都大学博物館)、東京日仏学院／関西日仏学院、二〇〇三年。

【4】浅田彰・小林康夫・高橋睦郎「ロラン・バルト、アーティストとして」(鼎談)、雑誌『みすず』二〇〇四年六月号、みすず書房。

【5】『日本経済新聞』一九九三年一〇月三一日朝刊、書評欄。

【6】雑誌『Marie Claire』一九八七年七月号、書評欄、中央公論社。

【7】小林康夫「ロラン・バルトの部屋」、『無の透視法』所収、書肆風の薔薇、一九八九年。

【8】小林康夫「ロラン・バルト、その不在への変奏」、『光のオペラ』所収、筑摩書房、一九九四年。

【9】小林康夫「《ミラノーレッチェ》——愛は失敗する」、同書所収。

【10】小林康夫「手——ロラン・バルトの〈不器用さ〉」、『こころのアポリア』所収、羽鳥書店、二〇一三年。

【11】小林康夫「味気なさ――ロラン・バルト『中国旅行ノート』」、同書所収。

【12】佐伯彰一・芳賀徹編『外国人による日本論の名著』、中公新書八三二、中央公論社、一九八七年。

【13】『朝日新聞』一九八四年七月三〇日朝刊、海外ブックマップ欄。

【14】『図書新聞』一九九二年一月一日号。

【15】小林康夫「無の眼差しと光り輝く身体――フーコーのインファンス」、『表象の光学』所収、未来社、二〇〇三年。

【16】小林康夫「盲目の眼差し――フーコーのマネ論」、同書所収。

【17】小林康夫「空虚――ミシェル・フーコー『マネ論』」、『こころのアポリア』所収、羽鳥書店、二〇一三年。

【18】小林康夫・松浦寿輝・石田英敬「フーコーからフーコーへ」(鼎談)、『現代思想』、一九九七年三月号、青土社。

【19】『朝日新聞』一九九八年四月二七日号、追悼文、朝日新聞社。

【20】週刊『東京大学新聞』一九九八年五月五日号、東京大学新聞社。

【21】小林康夫「哲学者は花を摘まない」、雑誌『現代思想』一九九八年六月号、青土社。

【22】小林康夫「レクイエム」、雑誌『新潮』一九九八年七月特大号、新潮社。

【23】ジャン・フランソワ＝リオタール『ポスト・モダンの条件』、書肆風の薔薇／水声社、一九八六年。

【24】『東京文化会館三〇周年記念講演会　議事録』、東京文化会館、一九九一年。

【25】雑誌『太陽』一九九三年七月号(創刊三〇周年記念特集1)、平凡社。

【26】ジャン＝フランソワ・リオタール『インファンス読解』(小林康夫ほか訳)、未来社、一九九五年(『表象の光学』所収、未来社、二〇〇三年)。

【27】小林康夫「非人間的なものについて」、『歴史のディコンストラクション』所収、未来社、二〇一〇年。

【28】小林康夫「リオタールの〈arrive-t-il ?〉」、『存在のカタストロフィー』所収、未来社、二〇一二年。

【29】小林康夫「リオタールにおけるユダヤ的なもの」、雑誌『現代思想』一九九二年一月号(同書所収)。

著者について——

小林康夫（こばやしやすお）　一九五〇年、東京都に生まれる。東京大学名誉教授。哲学者。おもな著書に、『不可能なものへの権利』（書肆風の薔薇／水声社、一九八八年）、『表象の光学』（未来社、二〇〇三年）、『絵画の冒険』（東京大学出版会、二〇一六年）、おもな訳書に、リオタール『ポスト・モダンの条件』（水声社、一九八九年）、共編著に、『知の技法』（東京大学出版会、一九九四年）などがある。

装幀——宗利淳一

《人間》への過激な問いかけ——煉獄のフランス現代哲学（上）

二〇二〇年九月二〇日第一版第一刷印刷　二〇二〇年九月三〇日第一版第一刷発行

著者——小林康夫

発行者——鈴木宏
発行所——株式会社水声社
東京都文京区小石川二—七—五　郵便番号一一二—〇〇〇二
電話〇三—三八一八—六〇四〇　FAX〇三—三八一八—二四三七
［編集部］横浜市港北区新吉田東一—七七—一七　郵便番号二二三—〇〇五八
電話〇四五—七一七—五三五六　FAX〇四五—七一七—五三五七
郵便振替〇〇一八〇—四—六五四一〇〇
URL : http://www.suiseisha.net

印刷・製本——精興社

ISBN978-4-8010-0519-8